HEYNE <

Julia Richter

Wiedereinstieg nach der Elternzeit

Die besten Strategien
für einen Neustart

WILHELM HEYNE VERLAG
MÜNCHEN

Umwelthinweis:
Dieses Buch wurde auf chlor- und säurefreiem Papier gedruckt.

Originalausgabe 11/2005

www.heyne.de
Printed in Germany 2005
Konzeption und Realisation:
ABC Medienagentur Miriam Schmidt, Augsburg
Redaktion: Katy Albrecht, Düsseldorf
Umschlaggestaltung: Eisele Grafik-Design, München
Satz: Christine Roithner Verlagsservice, Breitenaich
Druck und Bindung: GGP Media GmbH, Pößneck

ISBN-10: 3-453-67007-8
ISBN-13: 978-3-453-67007-5

Inhalt

Anhang

Einleitung

Zurück zum Job?

Kein Mucks. Weder aus dem Kinderzimmer noch aus der Buddelkiste im Garten. Stille! Herrlich! Der Abwasch ist erledigt, die Bügelwäsche in den Schränken, die Betten gemacht. Jetzt einen Milchkaffee und in Ruhe die Zeitung lesen.

Aber nix da. Statt friedlich auf der Couch zu lümmeln und das Faulenzen zwischen den hausfraulichen Aufgaben zu genießen, zieht urplötzlich ein Sturm in Ihrem Kopf auf. Ein Unwetter voller dunkler Gedanken, ein Orkan des schlechten Gewissens: Was sitze ich hier so tatenlos herum? Eigentlich müsste ich was Sinnvolles tun. Etwas, das mir Spaß macht, mich bestätigt und weiterbringt. Stattdessen werde ich immer phlegmatischer, bin unzufrieden und mürrisch!

Ich tue nichts, wenn die Kinder weg sind! Aber was kann ich auch schon, außer Kinder kriegen und den Boden wischen? Und wo sollte ich als Mutter einen Job herbekommen? In meinem alten Beruf – da will mich doch mit zwei Kindern und nach fünf Jahren Pause niemand mehr. Mein eigenes Geld werde ich wohl nie wieder verdienen. Ich bin eben zu nichts nutze!

Zurück zum Job!

In Momenten wie diesem haben Mütter die Wahl: Entweder, sie lassen sich von einem derartigen Tief den Boden unter den Füßen wegreißen. Oder sie lesen einfach weiter – und machen damit den ersten Schritt zurück ins Berufsleben. Der Wiedereinstieg in den beruflichen Alltag ist kein leichtes Unterfangen, aber ein lohnenswertes: Ist das nicht schön, wenn Sie das nächste Paar Schuhe aus dem eigenen Portemonnaie bezahlt haben? Ist es nicht beruhigend, wenn Sie durch eigenes Geld wieder unabhängig sind und sich außerdem wieder selbst um Ihre Altersversorgung kümmern? Mehr noch: Zurück im Job erfüllen Sie sich Ihre Wünsche nach Anerkennung, Selbstachtung, sozialer Kommunikation und Selbstverwirklichung. Schließlich haben Sie, wie die meisten Frauen heutzutage, eine gute Ausbildung und einen Beruf erlernt, vielleicht sogar Karriere gemacht. Also, warum sollten Sie darauf verzichten?
Doch bis es so weit ist, bedarf es einiger Vorbereitung. Sie brauchen ein Ziel, für das es sich lohnt die Ärmel hochzukrempeln. Sie brauchen einen Job, der Ihnen Spaß macht. Sie müssen Ihre Kinder gut untergebracht wissen. Und Sie brauchen gute Freunde, zahlreiche Helfer und ein funktionierendes Netzwerk, um diese harte Zeit durchzustehen.

Über dieses Buch

Dieses Buch zeigt Ihnen Schritt für Schritt, wie Sie den Wiedereinsteig nach der Babypause schaffen. Es verrät Ihnen Ihre Rechte als Arbeitnehmerin in der Erziehungszeit und als berufstätige Mutter. Denn der Gesetzgeber hat zahlreiche Regelungen auf den Weg gebracht, die Ihnen nach der Babypause die Rückkehr in den Beruf erleichtern – angefangen bei der Neuordnung der Elternzeit bis hin zu den Steueränderungen für Mini-Jobs. Welche Möglichkeiten Ihnen dadurch eröffnet werden, welche Vorteile Ihnen diese

Änderungen bringen und welche Unterstützung Sie erwarten können, wird Ihnen dieser Ratgeber zeigen.
Darüber hinaus finden Sie jede Menge Tipps und Tricks, wie Sie in den Berufsalltag zurückfinden: Ein kurzer Workshop wird Ihnen eine erste Orientierungshilfe sein und Ihnen den Weg zum Traumjob weisen – falls Sie ihn noch nicht gefunden haben. Hinweise aus der Praxis helfen von der Stellenrecherche bis zur Kontaktaufnahme mit dem neuen Arbeitgeber. Ein Knigge verrät Ihnen alle Kniffe zum Aufbau eines funktionierenden Netzwerkes rund um Ihr Vorhaben »Wiedereinstieg«. Zahlreiche Experten beantworten Ihnen Fragen, von der Bewerbung bis hin zur Kindergarteneingewöhnung.
Die Sammlung an Adressen, Selbsthilfegruppen, Vereinen, Verbänden und Internetlinks ist nicht zuletzt eine Anregung für Ihre eigenen, sehr individuellen Recherchen auf dem Weg zu Ihrem persönlichen Wiedereinstieg.

Mutmacher für Mütter

Keine Frage: Eine Mutter im Job – das ist nicht einfach. Es wird Ihnen eine ordentlich steife Brise um die Ohren wehen, die reichlich Gischt zwischen Wunsch und Wirklichkeit wirbelt. Nicht jede Klippe auf dem Weg zum Ziel ist bei so viel Wellengang zu orten. Nicht jedes Hindernis lässt sich umsegeln. Aber das ist kein Grund, gar nicht erst in See zu stechen! Denn Sie müssen bei der ersten Kollision auch nicht gleich Schiffbruch erleiden. Dieser Ratgeber zeigt Ihnen, wo die Hürden stehen und wie Sie sie nehmen.
Dass die Informationen in diesem Buch nicht nur reine Theorie sind, beweisen drei Mütter. Sie erzählen von ihrem Weg zurück in den Job und machen mit ihren persönlichen Geschichten anderen Mut, damit auch Sie Ihr Ziel mit wehenden Fahnen erreichen: den Wiedereinstieg in den Beruf nach der Babypause.

1. KAPITEL

Quo Vadis?

Wohin soll es nach der Babypause gehen?

Es wird Zeit. Zeit wieder in den beruflichen Alltag zurückzukehren. Schließlich soll sich der Rest des Lebens nicht nur um Windeln, Schulaufgaben und Buddelkasten drehen. Sie wollen sich persönlich weiterentwickeln, beruflich etwas schaffen, wieder sozialen Kontakt mit Kollegen haben. So viel ist schon mal klar.
Nicht so klar ist Ihnen wahrscheinlich, welche beruflichen Ziele Sie verfolgen wollen. »Dann geht es Ihnen so wie etwa der Hälfte aller Mütter«, sagt Berufsfinderin Uta Glaubitz.

»Mütter machen sich klein!« –
Interview mit Berufsfinderin Uta Glaubitz

■ *Was haben Mütter mit Berufswunsch denn für ein Problem?*

Sie halten sich als »Mama« für minderwertig. Viele sehen sich nur noch als die Frau, die kaum Schlaf hat und bei der sich das Leben ständig um Kinder dreht. Jemand, der permanent von Kinderflecken auf den Klamotten gezeichnet ist

und der abends, ohne was »geschafft zu haben«, tot ins Bett fällt. Und wer will »so eine« schon einstellen. Was sie nicht sehen, ist, dass sie als Mütter ein Mega-Projekt am Start haben, das sie hervorragend managen. Und dass sie dabei viel Engagement aufbringen und ohne Ende delegieren. Übrigens sind das alles Dinge, die ein Arbeitgeber zu schätzen weiß.
Die Krux der Mütter ist: Statt sich auf das zu konzentrieren, was sie können, fixieren sich die Frauen meist auf das, was sie nicht können. Oder was sie im Moment nicht können oder zeitlich nicht schaffen. Sie machen sich unnötig klein. Damit stehen Mütter sich und ihrem beruflichen Wiedereinstieg oft selbst im Weg.

Was sind die häufigsten Fehler nach der Babypause?

Der schlimmste Fehler ist, die knappen Energien, die neben dem Mutter-Sein noch übrig bleiben, in Dinge zu stecken, die einem sowieso nichts bedeuten. Im Beruf heißt das: einen Job zu erledigen, den man nicht machen will. Da haben dann die Eltern oder der Partner mitgeredet und die Berufs-Wahl zu einem Berufs-Übel degradiert. Auch ein Kind klärt die berufliche Situation nicht. Im Gegenteil: Da die Belastung einer Mutter ohnehin schon hoch ist, kann man für etwas, was einem zuwider ist, keine Kraft mobilisieren.
Fehler Nummer zwei: Mütter fordern ihre Bedürfnisse nicht ein. Da wird erst dem Ehemann oder Partner die Karriere zugestanden. Mir sagte einmal eine 20-Jährige, dass sie keine Karriere verfolgen werde, da sie dann ja ihrem zukünftigen Ehemann etwas wegnehmen würde.
Der dritte Fehler ist, seine Professionalität aus den Augen zu verlieren und sich nur noch auf die Kinder zu konzentrieren. Ob als Frisörin oder Juristin: Veränderungen

gibt es in jedem Job und die sollte man mitkriegen. Sonst hinkt man beim Bewerbungsgespräch der Konkurrenz hinterher.

■ *Wie schafft frau die Hürden aus dem Weg?*

Ganz klar: indem Mütter aufhören, ihre Minderwertigkeitskomplexe zu pflegen und anfangen, etwas für ihr Wohlbefinden zu tun. Dazu gehört, die emotionale Ebene zu verlassen und sich auf eine sachliche Stufe zu begeben. Dazu gehört, die fehlende Überzeugung vom eigenen Können abzustreifen. Dazu gehört, Menschen fern zu bleiben, die einen nicht unterstützen. Stattdessen sollten Mütter sich ein Role-Model suchen, dem es lohnt mit aller Kraft und mit allen Engagement nachzueifern. Da meine ich nicht das Super-Model mit dem Super-Geld für die Super-Nanny. Sondern die vielleicht unscheinbare Nachbarin, die es mit drei kleinen Kindern geschafft hat, sich ihren Traum vom Baby-Secondhand-Shop mit Elterncafé zu verwirklichen. Sie wird sicherlich gerne bereit sein, Ihnen gute Tipps zu geben und Sie ab und an mit einem Motivationsschub versorgen.

■ *Was raten Sie Berufsrückkehrerinnen?*

Dranbleiben am Job, wenn es irgendwie geht, den Zeh in der Tür lassen. Übernehmen Sie die Urlaubsvertretung für die Ex-Kollegin, wenn Sie in den alten Job zurückwollen. Oder helfen Sie am Samstagvormittag für ein paar Stunden im Altersheim aus, wenn Sie sich karitativ engagieren wollen. Das und die alten Kontakte zu pflegen, sind wichtiger für den Wiedereinstieg in den Beruf als ein fehlendes, aber nachholbares Abitur.

WORKSHOP:
In drei Schritten zum Traumberuf

Uta Glaubitz hilft in Workshops und Seminaren Menschen dabei, ihre individuellen Wünsche und Talente aufzuspüren und zu ihrem Beruf zu machen:[1]
Und so funktioniert es: Wenn Sie nicht wissen, wo Sie beruflich hinwollen, dann helfen Ihnen folgende Schritte. Sie schaffen Klarheit und können ein eigenes Berufsziel für sich formulieren.

1. Was kann ich?
Viele Mütter sind sich nicht klar über ihre Fähigkeiten. Nehmen Sie also Papier und Stift und notieren Sie, in welchen Situationen Sie zufrieden mit sich und Ihren Leistungen waren. Wann haben Sie sich selbst auf die Schulter geklopft?

Schreiben Sie auf:

- Zehn Situationen in Ihrem Beruf, in denen Sie stolz auf sich waren. Das kann die Organisation des Betriebsausflugs gewesen sein, ein Abschluss in der Weiterbildung oder die Dateneingabe von Kundenlisten.
- Zehn Situationen in Ihrem Privatleben, in denen Sie stolz auf sich waren. Das können die schönen Einladungen für den Kindergeburtstag sein, ein gelungener Familienausflug oder dass Sie den Streit zwischen Ihrem Mann und seinen Eltern geschlichtet haben.
- Analysieren Sie: Welche Fähigkeiten haben Sie in diesen zwanzig Situationen eingesetzt? Notieren Sie zwanzig Fähigkeiten und Stärken. Was mussten Sie können, damit das klappt?

2. Was will ich?

Oft ist es schwierig, konkret zu sagen, was einem Spaß macht. Nehmen Sie also ein neues Blatt Papier für Ihre Motivationen und schreiben Sie auf:

- Zehn Situationen im Beruf, in denen Sie gewirbelt haben. Wann waren Sie richtig motiviert? Das kann die Organisation eines Messestands sein, die Vorbereitung einer Präsentation oder die Neugestaltung der Büros.
- Zehn Situationen aus Ihrem Privatleben, in denen Sie viel mehr Energie hatten als sonst. Wann sind Sie freiwillig früh aufgestanden oder haben die halbe Nacht durchgearbeitet, ohne es zu merken? Das kann Ihr Tanzkurs sein, dass Sie mehrmals in der Woche joggen gehen oder dass Sie gern Sonnenaufgänge fotografieren.
- Analysieren Sie: Was genau hat mich eigentlich in diesen Situationen motiviert? Führen Sie sich die zwanzig Situationen noch einmal vor Augen und notieren Sie zehn Sachen, die Sie motiviert haben: Natur, Bewegung, Musik, Tanz, Kunst, kreatives Gestalten, eine schöne Umgebung schaffen, der Austausch mit anderen – was hätte nicht fehlen dürfen?

3. Wo gibt es einen Job, der dazu passt?

In Schritt 1 und Schritt 2 haben Sie ermittelt, was Sie können und was Sie wollen. Aus diesen Ergebnissen fertigen Sie jetzt ein Schaubild. Nehmen Sie ein neues Blatt zur Hand.

Notieren Sie:

- Die wichtigsten Situationen aus Schritt 1 und 2. Gehen Sie dabei hemmungslos subjektiv vor. Wählen Sie die Situationen aus, die Ihnen ganz persönlich am wichtigsten sind.

- Das Wichtigste aus Ihrer Fähigkeitenliste.
- Das Wichtigste aus Ihrer Motivationsliste.
- Notieren Sie außerdem alle Berufe, die Sie schon einmal in Erwägung gezogen haben: als Kind, nach dem Schulabschluss, während der Schwangerschaft, jetzt.
- Schreiben Sie auf, welchen Beruf Sie machen würden, wenn Sie nicht scheitern könnten. Außerdem drei Leute, deren Beruf Sie gern hätten (Prominente, Freunde oder andere).
- Fehlt noch etwas? Wenn Sie noch einen Sonderwunsch haben, schreiben Sie ihn ebenfalls dazu.

Jetzt haben Sie ein Blatt vor sich mit den Koordinaten für Ihren Traumberuf. Schauen Sie genau hin: Können Sie ein Muster entdecken? Vielleicht veranstalten Sie ein Brainstorming mit zwei Freundinnen: Was könnte eine Frau mit diesen Fähigkeiten und Motivationen anfangen?
Notieren Sie sich zunächst alle Vorschläge, auch wenn Sie unrealistisch scheinen. Schlafen Sie darüber. Am nächsten Tag sehen Sie die Liste wieder an. Welcher Beruf ist der richtige für Sie? Markieren Sie deutlich den besten Vorschlag. Vielleicht schreiben Sie sich dann zur Ermutigung ein Kärtchen »Ich werde Schwimmlehrerin für Kinder«, »Ich werde Mitarbeiterin einer Messegesellschaft«, »Ich werde Kinderbuchillustratorin« oder »Ich werde Webdesignerin«. Dieses Kärtchen stecken Sie ins Portemonnaie oder unters Kopfkissen.

Ob Festanstellung oder Freiberufler: Wenn Sie etwas gefunden haben, das Ihnen Spaß macht, werden Sie auch Energie und Ideen bei der Jobsuche entwickeln. Gehen Sie systematisch dabei vor:

- Informationen recherchieren: Finden Sie heraus, was es für Jobs gibt in dem Bereich, der Sie interessiert. Wer tummelt sich am Markt, wer zählt zu den Gewinnern, wer zu den Verlierern der Branche? Je mehr Sie wissen, desto stärker sind Sie.

- Vielleicht kennen Sie bereits jemanden, der in dem Bereich arbeitet? Fragen Sie, ob Sie einen Tag mitlaufen dürfen.
- Bauen Sie die richtigen Kontakte auf: Nehmen Sie sich Ihr Adressbuch, kramen Sie in Ihrer Erinnerung und verabreden Sie sich mit alten Kollegen und Freunden zum Kaffee. Erzählen Sie von Ihren Plänen (aber fragen Sie nicht nach einem Job!). Irgendwer kennt immer irgendwen, der Ihnen einen Einblick in die Branche geben kann.
- Besuchen Sie fachspezifische Veranstaltungen, zum Beispiel Messen oder Konferenzen. Gute persönliche Kontakte öffnen immer noch Türen.
- Finden Sie den Einstieg über ein selbst geschaffenes Projekt, ein Praktikum, ein freiwilliges Engagement oder einen Aushilfsjob. Dann können Sie zeigen, was in Ihnen steckt.
- Gezielt auf den Wunsch-Arbeitgeber zugehen: Wenn Sie viel recherchiert und sich umgehört haben, wenn Sie außerdem in Ihrer knapp bemessenen Freizeit erste Erfahrungen im neuen Job gesammelt haben, dann sind Sie bereits eine kleine Expertin. Und fit für das Gespräch mit Ihrem Wunsch-Arbeitgeber.

Hier gibt's Infos

Versteckte Talente, Leidenschaften, Wünsche und Stärken finden und damit ein ganz persönliches Berufsprofil entwickeln, sprich: aus Ihrem Hobby einen Beruf machen? Uta Glaubitz zeigt in einer Buchreihe anhand von zahlreichen, zum Teil prominenten Interviews, welch unglaublich große Vielzahl an Berufsbildern es gibt, was man für diese Jobs alles können muss und wie man an eine solche Tätigkeit rankommt. Eine gute Orientierungshilfe für alle, die den Weg zurück in den Job suchen.

In der Serie (Campus Verlag, 2001/2002) sind erschienen:

- ❒ Jobs für Kommunikationstalente und Quasselstrippen
- ❒ Jobs für Sportfreaks
- ❒ Jobs für Leseratten und Bücherwürmer
- ❒ Jobs für Weltenbummler und Globetrotter
- ❒ Jobs für Filmfreaks
- ❒ Jobs für Beratertypen
- ❒ Jobs für Nachteulen

2. KAPITEL

Nur wer vernetzt ist, kommt weiter

Klüngeln bis zum Erfolg

Sind Sie sich darüber im Klaren, was Sie zukünftig tun wollen? Glückwunsch! Sie haben die erste große Hürde hin zur Berufsrückkehr schon gemeistert. Machen Sie weiter so: Gehen Sie jetzt gleich los und suchen Sie sich einen Job!
Oh ja, da sind sie wieder zu hören, die vielen Wenns und Abers. Keine Frage: Die Arbeitsplatzsuche ist schwierig in Zeiten von Stellenabbau und Rationalisierungsplänen. Auch Bewerber mit herausragenden Qualifikationen werden nicht mehr vom Fleck weg eingekauft. Aber es gibt Jobs! Man findet Sie eben nur nicht auf der Straße und immer seltener im Stellenmarkt von Tageszeitungen.
Das Arbeitsleben ist heute so komplex, dass man es alleine nicht schaffen kann. Wir brauchen im Beruf die Hilfe und das Know-how vieler Menschen. Alleingänge sind unzeitgemäß und unproduktiv. Sie wollen beispielsweise in eine andere Branche wechseln, aber Ihnen fehlt der Einblick? Oder Sie wollen ein eigenes Unternehmen gründen, doch erst mal stehen Sie vor einem Haufen offener Fragen – dann geht nichts ohne Beziehungen und den Rat anderer. Sie müssen sich helfen lassen, Fragen stellen und um Unterstützung bitten.

Fragen Sie Ihre Freundin, wie sie Ihren Traumjob gefunden hat. Erkundigen Sie sich, wie Ihre freiberuflich arbeitende Nachbarin Ihre Kunden akquiriert. Recherchieren Sie, wie es Ihr großes weibliches Berufsvorbild an die Spitze des Unternehmens geschafft hat. Mit ziemlicher Sicherheit werden Ihnen alle Frauen bestätigen, dass sie da jemanden kannten, der ihnen eine Tür geöffnet hat, oder dass sie jemanden um Hilfe gebeten haben.
Zum Weiterkommen braucht man Beziehungspflege, Vernetzung, Synergien. Nur so ist es möglich und machbar, den beruflichen Wirkungskreis zu erweitern. Ohne Kontakte, Klüngel oder – wie man es heute neudeutsch nennt – Netzwerke geht nichts mehr.

Kontakte für den Wiedereinstieg

Wenn Sie für Ihren Sprössling eine Mathe-Nachhilfe suchen, was tun Sie? Sie fragen jemanden, der Bescheid weiß: die Klassenlehrerin oder die Nachbarin mit drei Schulkindern. Sie suchen jemanden, der beim Kindergartenfest eine Wurfbude aufbauen kann? Garantiert kennen Sie einen, der einen kennt, der einen kennt. Mütter sind Klüngel-Profis, spannen grandiose Netzwerke – im Privatleben.
Im professionellen Bereich tun sich Frauen oftmals schwer, sich mit Gleichgesinnten zusammenzuschließen. Sie glauben noch immer, sie müssten ihr berufliches Ziel aus eigener Kraft erreichen. Aber gleichzeitig beäugen Frauen fast missgünstig die erfolgreichen Seilschaften der Männer. Statt sich vornehm zurückzuhalten, sollten es aber gerade Mütter den Männern gleichtun. Denn Netzwerke sind keinesfalls anrüchig, sondern nützlich und absolut unerlässlich für den Wiedereinstieg nach der Babypause.

Informelle Netzwerke

Es gibt informelle Netzwerke, die aus einem losen Verbund von Menschen bestehen. Darin verbunden sind Freunde, Kollegen, Nachbarn, Geschäftspartner, auf die Sie zurückgreifen können, um Pläne, Visionen und Aktivitäten mit ihnen zu planen, zu besprechen und zu teilen.
Wie groß Ihr eigenes informelles Netzwerk ist, finden Sie am ehesten heraus, wenn Sie sich Ihrer privaten Kontakte bewusst machen: Wen kenne ich? Was macht derjenige? Wo liegen seine Interessen? Wer könnte mir bei Berufsfragen mit Rat und Tat beiseite stehen? Wer hat Antworten zur Kinderbetreuung? Sie werden schnell feststellen, dass sich die meisten privaten Kontakte auch beruflich nutzen lassen.[2]

Professionelle Netzwerke

Sie nennen sich Club, Zirkel, Gesellschaft oder Verband – professionelle Netzwerke, die sich auf bestimmte Branchen, Berufe oder Belange spezialisiert haben. Hier verbinden sich Frauen mit ähnlichen beruflichen Interessen. Hier nutzen sie diese Beziehungen ganz gezielt, bewusst und effektiv für die Karriere.
Welches Netzwerk das richtige für Sie ist, hängt von Ihren persönlichen Zielen ab. Um in der Jobpause am Ball zu bleiben oder wieder in den Beruf zurückzufinden, bietet sich aber vor allem ein Berufsverband an. Dort können Sie ganz gezielt Kontakt zur Branche halten und aufbauen und direkt mit Kollegen kommunizieren. Sie werden in einem Berufsverband am schnellsten erfahren, wo sich was auf

Ihrem Arbeitsgebiet bewegt und in welcher Firma vielleicht eine Stelle frei wird.

So funktioniert's

Netzwerk-Beziehungen sind wie zerbrechliche Freundschaften. Sie müssen gepflegt und gehegt werden. Sie brauchen Streicheleinheiten und immer ein offenes Ohr. Was Netzwerk-Beziehungen aber am meisten benötigen, ist ein langer Vorlauf. Wer erst anfängt zu networken, wenn er die Kontakte dringend braucht, wird sicher dadurch so schnell keinen Job finden. Solche beruflichen Bekanntschaften müssen langfristig geplant werden. Und man muss investieren.

In erster Linie kostet erfolgreiches Klüngeln Zeit. Sei es, sich mit Bekannten oder Freunden aus dem informellen Netzwerk mal in Ruhe zu verabreden (ganz ohne Kinder!!!), oder sich für feste Termine im professionellen Netzwerk Platz zu schaffen. Diese finden dann zu 99 Prozent abends statt, da man ja davon ausgeht, am Tage einem Beruf nachzugehen (also Babysitter einplanen!). Bei einem Gläschen Wein oder Wasser kommt man am besten ins Gespräch, kann Kontakte knüpfen und Visitenkarten austauschen.

Wer netzwerken möchte, muss sich selbst organisieren. Keine Visitenkarten landet mehr im Müll, sondern wird sortiert und mit einer Bemerkung über Ort, Gelegenheit und Thema des Treffens versehen. Nur wer weiß, mit wem er es zu tun hat, kann mit einer bestimmten Person bei einem bestimmten Problem Kontakt aufnehmen. Und denken Sie daran: Jeder, aber auch wirklich jeder Kontakt ist wichtig!

Netzwerke sind nicht kostenlos. Im informellen Zirkel investieren Sie in ein Essen, ein paar Blumen oder eine Kaffee-Einladung. Im organisierten Verein werden häufig Mitgliedsbeiträge fällig. Dafür werden Vorträge eingekauft,

Seminare angeboten und nicht zuletzt das Netzwerk organisatorisch am Leben gehalten.
Sind sich Netzwerkerinnen über die Ziele und den Weg dorthin einig, dann sind sie äußerst effektiv. Die Klüngel-Frauen geben sich Tipps beim Berufsstart, sie kennen sich aus mit den Problemen und Stolpersteinen beim Wiedereinstieg, sie fördern Kompetenz und Wissen und verhelfen sich zu mehr Einfluss. Einmal im Netzwerk etabliert, kann die Organisation ein regelrechter Motor für den Wiedereinstieg werden. Über eine professionelle Mitgliedschaft multipliziert sich der Bekanntheitsgrad einer Person nämlich noch schneller und gezielter als durch eine Stellenanzeige in der Tageszeitung.

Die fünf goldenen Regeln fürs Netzwerken

❶ *Netzwerke sind keine Einbahnstraße.*

Immer nur nehmen funktioniert nicht in einem Netzwerk. Einfach mal so einen Artikel über Berufsrückkehrerinnen ausschneiden und an die Kollegin in der Babypause schicken zeigt, dass sie Interesse an ihr haben. Sie bleiben ihr in guter Erinnerung – und wer weiß, wen sie so alles kennt oder ob Sie von ihrem Wissen profitieren können.

❷ *Netzwerkerinnen suchen keine neue Freundin.*

Sie müssen die Netzwerk-Teilnehmerinnen nicht alle mögen. Hier geht es nämlich ums Geschäft und nicht um ein nettes Kaffeekränzchen. Wenn sie die Adresse eines potenziellen Auftraggebers von der kinderlosen, kettenrauchenden Kollegin bekommen können, dann spielt deren Einstellung zu Frau und Familie keine Rolle.

❸ *Netzwerkerinnen haben echtes Interesse.*

Wer sich einem Netzwerk anschließt, muss Spaß an anderen Menschen haben. Es muss die Netzwerkerin interessieren, was die Frau mit dem unmöglichen Kostüm kann und weiß. Es muss sie neugierig machen, wieso die Kollegin ein Sabbatjahr im Senegal eingelegt hat. Nur wer offen nach allen Seiten ist, keinen Standesdünkel oder Vorurteile hat, kann von einem solch bunten Zirkel profitieren.

❹ *Netzwerkerinnen sind keine Einzelkämpfer.*

Vor allem in berufsspezifischen Netzwerken sind Frauen immer auch potenzielle Konkurrentinnen. Doch wer die Mitgliedschaft zur Selbstdarstellung nutzt oder versucht, andere Teilnehmerinnen auszubooten, wird ziemlich schnell die Quittung bekommen.

❺ *Netzwerker kennen das Wort »Danke«.*

Nichts im Netzwerk ist selbstverständlich! Erkennen Sie an, wenn Ihnen jemand geholfen hat und vergessen Sie es nicht. Denn ein Netzwerk funktioniert nur, indem man sich revanchiert.[3]

Hier gibt's Infos

Mittlerweile helfen Frauen sich in über 300 Netzwerken. Viele networken auch im Internet, wie zum Beispiel:

FEMITY: Die Networkingplattform für deutschsprachige Frauen aller Berufsgruppen in Deutschland und Österreich. Die Teilnahme ist kostenlos und setzt lediglich eine vollständige Registrierung voraus.

Oder WEBGRRLS: Das Netzwerk für weibliche Fach- und Führungskräfte, die in den Neue Medien arbeiten. Ziel ist die Förderung der Frauen innerhalb der Branche, inzwischen mit kostenpflichtigem Mitgliederbereich.

Die wohl vollständigste Adressenliste der in Deutschland ansässigen Verbände, Behörden und Netzwerke ist der OECKL. Das »Taschenbuch des öffentlichen Lebens« (Festland Verlag Bonn) wird jedes Jahr neu aufgelegt.

Über 4900 aktuell recherchierte Adressen und Selbstdarstellungen, regionale und bundesweite Netzwerke, Berufsverbände, Beratungsstellen, Bildungs- und Forschungszentren etc. listet die CD-Rom »FRAUENNETZE 2004/2005« auf.

Zu bestellen über:

die media
Helga Dickel
Seyengasse 5
50678 Köln
T: 02 21-2 40 86 75
F: 02 21-2 40 86 76
www.diemedia.de

Netzwerken zum Nachlesen:

Kirsten Wolf, Karriere durch Networking: Erfolgreich Beziehungen knüpfen im Beruf, Niedernhausen: Falken Verlag 1999
Ulrike Rudolph, Karrierefaktor Networking, Freiburg: Haufe Verlag 2004 (inklusive CD-Rom mit einer Adressdatenbank)

Anni Hausladen, Gerda Lauffenberg, Die Kunst des Klüngelns: Erfolgsstrategien für Frauen, Reinbek: Rowohlt Verlag 2002
Die beiden Frauen klüngeln auch professionell und zeigen anderen, wie es geht – in Workshops und Seminaren.

Infos gibt's hier:

Anni Hausladen
Coaching + Networking
Christophstraße 50
50670 Köln
T: 02 21 – 39 51 01
F: 02 21 – 4 74 24 06
www.frauen-kluengel.de

3. Kapitel

Wer sucht, der findet

Selbstbewusst auf Stellenjagd

Nehmen wir mal an, es gäbe eine Stellenausschreibung in der Tageszeitung, die stände Ihnen mit Kindern wirklich gut zu Gesicht und entspräche genau Ihrem Profil. Das ist der Job, auf den Sie gehofft haben! Trauen Sie sich, den Hörer in die Hand zu nehmen und beim Personalchef vorzusprechen? Sie zögern? Da sind Sie nicht die Einzige!
Trotz guter Ausbildung, super Qualifikationen und ordentlicher Karriere hindert Frauen nach der Erziehungszeit urplötzlich ein fehlendes Selbstwertgefühl daran, den ersten Schritt auf einen potenziellen neuen Arbeitgeber zuzugehen. Müttern mangelt es oft an Zutrauen und am Glauben an sich selbst. Der größte Fehler, den Sie dann machen können: Sie verschweigen die Auszeit in den Bewerbungsunterlagen oder bei einem Gespräch. »Das wäre absolut falsch«, bestätigt Bewerbungs-Profi Anja Kolberg. »Denn Frauen haben als Mütter viele Kompetenzen erworben, die sie nicht unter den Teppich kehren müssen.«

»Mütter haben Führungsqualitäten!« – *Interview mit Frauen-Coach Anja Kolberg*

■ *Wie stellt man die Babypause im Lebenslauf positiv dar?*

Schreiben Sie »Familienzeit« oder »Familienmanagement« statt BabyPAUSE in Ihren Lebenslauf. Auch wenn Sie eine Auszeit vom normalen Berufsleben genommen haben, kann man wohl nicht von einer wirklichen Pause sprechen. Die 40 Stunden geregelte Arbeitszeit, Pausen, Feierabend und Urlaub im Durchschnittsjob verbinden Sie als Mutter doch wohl eher mit dem Gedanken an Schlaraffia, oder? Deswegen sollte diese Zeit auch in Ihrer Vita durch einen passenden Begriff Wertschätzung und Platz finden.

■ *Darf man die Babypause auch verschweigen?*

Warum sollten Sie eine wertvolle Zeit unter den Tisch fallen lassen? In der Regel eignen sich Frauen während dieser Zeit weitere Kompetenzen an! Also nicht verschweigen, sondern selbstbewusst präsentieren!

■ *Was macht sich noch gut im Lebenslauf?*

Prima ist es, wenn Sie während der Familienzeit in Ihrem Fachgebiet auf dem Laufenden geblieben sind, die Urlaubsvertretung auf Ihrer bisherigen Stelle gemacht haben oder sich sogar per Fernstudium weitergebildet haben. Nehmen Sie dies auf jeden Fall in Ihren Lebenslauf mit auf. Doch diese Möglichkeiten sind ein Kann, kein Muss! Stecken Sie den Kopf nicht in den Sand, wenn Sie sich ausschließlich um Ihre Familie gekümmert und so eine wirkliche Auszeit vom Job genommen haben. Schließlich ist dies auch ein voller Job (!) und nicht alle Kinder lassen (berufliche) Freiräume während der Babyzeit zu. Zudem entstehen durch eine Auszeit auch neue Ideen: Vielleicht wollen Sie nun gar nicht mehr in Ihren alten Beruf zurück, sondern sehen Chancen in einem anderen Feld?

Über welche Qualifikationen verfügen Mütter?

Wer eine Familie über Jahre konsequent organisiert, leitet und motiviert, der eignet sich Führungsqualitäten an. Ich finde die Werbung einer Teppichfirma da einfach passend und eine herrliche Antwort für eine vorwitzige Frage »Und was machen Sie?« – »Ich führe ein erfolgreiches, kleines Familienunternehmen!« Hier ein kleiner Vergleich: Es treten unerwartete Personalengpässe auf (Kinder sind krank, wer macht die Vertretung?), Konflikte sind zu moderieren (Wer darf vorne im Auto sitzen? Wer bekommt den roten Stift als Erste?), kreative Arbeitsanleitungen sind gefragt (Wie binde ich die Kinder in die Hausarbeit mit ein? Wie motiviere ich sie? Was spiele ich heute mit ihnen? Wie kann ich sie beschäftigen?) und umfangreiche Prozesse zu planen (In welcher Reihenfolge geht es morgens ins Bad, damit es zu keinen Eskalationen kommt und alle rechtzeitig bereit für Schule und Beruf sind?), aber auch Teams zu koordinieren (Wer macht welche Aufgaben im Haushalt? Wer fährt Tim zu Judo und Marie zum Ballett?), ganz zu schweigen vom Finanzmanagement (Mit den Einnahmen möglichst viele Bedürfnisse und Wünsche befriedigen, ohne Schiffbruch zu erleiden.). Sind das nicht alles Aufgaben, die auf ein Unternehmen übersetzt eine Führungskraft oder sogar die Inhaberin auszeichnen?

- *Von Müttern glaubt man, sie verbringen viel Zeit mit Kaffeeklatsch und Kinderspielen. Wie kann man diesen Vorbehalt ausräumen?*

Und wenn es so ist – warum nicht! Mütter müssen auf der anderen Seite auch viel anpacken, um das alles hinzubekommen. Zu einer guten Arbeit gehört auch ein guter Ausgleich! Es wäre doch schrecklich, wenn all die anstrengende Zeit nicht auch mal ihre Sonnenseite hat!
Schließlich hält man im Büro auch ein Kaffee-Schwätzchen mit den Kollegen auf dem Flur oder hat seine geregelte Mittagspause. Warum sollte man einer Mutter dies verwehren?
Zum Vorstellungsgespräch: Wenn Ihr Gesprächspartner wirklich dieser Annahme ist, sagt das viel über seine eigene Person aus. Ich empfinde das nicht als besonders wertschätzend und würde mich fragen, ob dies der passende Arbeitgeber mit der richtigen Einstellung für mich ist.

- *Was raten Sie Müttern noch?*

Vielleicht hat das Selbstbewusstsein während der »Auszeit« gelitten, weil Sie nicht so viel Anerkennung erhalten haben wie im Berufsleben. Deswegen schreiben Sie sich ein Zeugnis für Ihre Mutterzeit als Übung, um wieder zu Ihren Stärken zurückzufinden. Schreiben Sie alle Aufgaben auf, die Sie leisten, vergessen Sie nicht Ihre Pünktlichkeit, die Zuverlässigkeit ... Sie werden sehen, dass Sie sich dann schon besser fühlen.

Jobsuche per Mouseklick

Das Internet scheint schier unendliche Möglichkeiten zu bieten, eine Stelle nach der Familienzeit zu finden. Mehr als zwei Millionen Europäer, darunter 760 000 Deutsche,

nutzen das Internet zur Stellensuche, so das Internet-Marktforschungsinstitut MMXI Europe. »Nirgendwo können sich Menschen schneller, einfacher, bequemer und ungestörter über aktuelle Stellenangebote informieren als im Internet«, interpretiert Arielle Dinard, Managing Director von MMXI Europe, den Trend zum Job-Klick.
Richtig ist: Sie müssen gar keine Stellenanzeigen mehr in der Zeitung durchforsten, weil die Angebote parallel im Online-Angebot des Blattes zu finden sind. Und dort können sie per Suchmaske ganz gezielt nach ihrem Traum-Job recherchieren. Auch Firmen schalten mittlerweile ihre Anzeige in Job-Suchmaschinen und sparen sich so teure Anzeigen.
Aktuell sind die Stellenanzeigen allerdings nicht immer. Der Stellen-Informations-Service (SIS) der Bundesagentur für Arbeit, der größte virtuelle Stellenmarkt, zum Beispiel, aktualisiert seine Angebote unregelmäßig. Da kann es schon mal passieren, dass eine Ausschreibung bereits drei Monate alt und der Job schon längst vergeben ist.

Stellenstau auf der Datenautobahn

Weiblich, Mutter, ausgebildet sucht – ungefähr 200 Internet-Stellenbörsen tummeln sich im Netz, 600 000 Jobs rasen über die Datenautobahn, so eine Erhebung der Zeitschrift *Personalwirtschaft*. Es gibt Jobbörsen, die Sie über Angebote per Mail informieren. Bei anderen muss man die Suchmaschine bemühen. Abgefragt wird nach Branche, Arbeitsort, Qualifikation und Anstellungsart. Es gibt auch einige wenige branchenspezifische Jobbörsen.
Als Arbeitssuchender kann man sich oftmals auch in eine Bewerberdatenbank eintragen, mit denen die Unternehmen dann direkt Kontakt aufnehmen können. Die Jobbörsen fungieren quasi als Agentur für Personalmarketing, die über das Internet Bewerber rekrutiert. Eine Garantie, dass sich

eine Firma bei Ihnen meldet, ist das aber sicherlich nicht. Trostpflaster der meisten Job-Anbieter: Sie liefern Informationen rund ums Bewerben, Karriereplanung und berichten über Arbeitsmarkt-News.
Wie gut, erfolgreich oder sinnvoll die Internet-Job-Recherche ist – darüber gibt es noch keine Erhebungen. Klar ist aber, dass bei der heutigen Arbeitsmarktlage jede auch noch so kleine Möglichkeit genutzt werden muss, um sich über freie Stellen zu informieren.

Firmen im Stellennetz

Viele Firmen sparen sich die Kosten für eine Stellenausschreibung in der Zeitung und stellen nur noch auf ihren eigenen Unternehmens-Seiten Jobangebote ins Netz. Eine Sammlung von Firmen im Netz findet man auf den Seiten des Competence Center Electronic Business und Business Integration des Fraunhofer-Instituts für Arbeitswirtschaft und Organisation IAO. Unter http://www.e-business.iao.fraunhofer.de/ ist eine alphabetische Liste von über 100 000 Firmen mit eigenen Homepageeintragungen aus dem gesamten deutschsprachigen Raum zu finden. Mit Sicherheit sind das zu große Datenmengen, um auf gut Glück nach einem Job zu surfen. Wer seine Traumfirma kennt und sich gezielt nach Stellenausschreibung erkundigen und im Anschluss elektronisch bewerben will, kann über diesen Netz-Umweg ersten Kontakt aufnehmen.

Agentur für Arbeit online

Seit 2001 ist auch die Agentur für Arbeit online und bietet ihre Stellen über das Netz unter www.arbeitsamt.de an. Ein Klick auf den Stellen-Informations-Service SIS und die Suche kann branchenübergreifend beginnen. Das Arbeitsamt ist übrigens größter Anbieter offener Stellen. Wo-

bei »offene Stellen« relativiert werden muss, wenn die Online-Angebote nicht regelmäßig aktualisiert werden (siehe vorher).
Die meisten regionalen Arbeitsämter bieten einen speziellen Informations- und Beratungsservice für Berufsrückkehrerinnen an. Dort finden Frauen auch spezielle Informationen zu folgenden Themen:

- BIZ-Mappe »Frau und Beruf«
- Checkliste zum Beratungsgespräch
- Faltblatt zur Berufsrückkehr
- 10 Tipps für Berufsrückkehrerinnen und Berufsrückkehrer
- Merkblatt 18 »Familie und Frau im Arbeitsförderungsrecht«
- Strategien zur Jobsuche

Weibliche Rat- und Arbeitssuchende, die nicht von einem Mann beraten werden wollen, können auch darauf bestehen, mit einer Frau zu reden.

Online-Bewerbung – so ist es richtig

Haben Arbeitgeber eine Stellenanzeige ins Internet gestellt oder ist bei einer Zeitungsanzeige eine Internetadresse als Kontakt angegeben, dann möchte der Personalchef auch eine Bewerbung per Mail. Mittlerweile verzichten viele Firmen auf den Papierwust im Briefkasten und checken den ersten Eindruck der Bewerber lieber auf die Schnelle per Mouseklick.
Die Bewerbung per Mail ist dennoch nicht weniger förmlich. »Nehmen Sie sich genauso viel Zeit, geben sich ebenso viel Mühe und seien Sie mindestens so sorgfältig wie bei einer herkömmlichen Bewerbung«, rät Berufsexperte Thomas R. Schmidt. »Auch bei einer Mail merken die Perso-

nalchefs, wenn Sie eine Serienmail verschicken oder sich nicht genau auf die beschriebene Stelle bewerben.« Bei falscher Rechtschreibung, Grammatikfehlern oder informellem Anschreiben landet Ihre Bewerbung garantiert irgendwo im Netz-Nirvana.

- Grundsätzlich gilt: Gibt es am Ende der Stellenausschreibung ein Formular, dann nutzen Sie dies auch. Ist am Ende einer Stellenausschreibung keine E-Mail-Adresse genannt, bewerben Sie sich auf dem klassischen Papier-Wege; dann ist eine elektronische Bewerbung nicht gewünscht und landet sofort im virtuellen Papierkorb.
- Füllen Sie die Betreff-Zeile bei der E-Mail eindeutig aus. »Stellenanzeige Konstanzer Anzeiger vom 23.11.2004« oder »Bewerbung von Eleonore Evers als Einkäuferin« – das kann der Empfänger sofort zuordnen.
- Recherchieren Sie den Namen des Personalchefs bei der Firmenzentrale und schreiben Sie ihn direkt und persönlich an.
- Das Anschreiben ist wie bei der klassischen Bewerbung förmlich, kurz, prägnant und fehlerfrei!
- Den Lebenslauf hängen Sie am besten als Attachement an. Benutzen Sie keine ungewöhnliche Formatierung, sondern arbeiten Sie mit Word. Auch in ein Word-Dokument lässt sich das Bewerbungsfoto einfügen.
- Verzichten Sie auf Formatierungen Ihrer Mail. Benutzen Sie keine Sonderzeichen. Und beschränken Sie sich auf kleine Datenmengen. Alles Ungewöhnliche für den PC des Empfängers wird nicht geöffnet, landet im Müll oder kann nicht gelesen werden.
- Verwenden Sie um Gottes willen eine sachliche Mailadresse zum Verschicken Ihrer Bewerbungen. Oder würden Sie mausi@xyz.de als Sachbearbeiterin einstellen? Mailadressen gibt es bei verschiedenen Providern umsonst, zum Beispiel bei hotmail oder gmx. Geben Sie

außerdem Anschrift, Festnetznummer und Mobilnummer an – am besten im Lebenslauf.

- Zur Sicherheit: Schicken Sie eine Probemail an sich selbst und checken Sie noch mal Ihre Bewerbung gründlich auf Rechtschreibfehler, Formatierung, Orthographie und Stil durch.

Arbeiten auf Zeit

Auf bestimmte Zeit einen Job annehmen – eine Chance, die immer mehr Arbeitnehmer ergreifen. 400 000 waren es 2004 in Deutschland, ein Jahr zuvor vermittelten Zeitarbeitsfirmen noch 53 000 Personen weniger. »24 Prozent der Zeitarbeiter sind Frauen, ein großer Teil davon sicherlich Berufsrückkehrerinnen«, schätzt Thomas Läpple, Pressesprecher des Bundesverbands Zeitarbeit Personal-Dienstleistungen.

Ist Zeitarbeit *die* Alternative zur Festanstellung? Auf jeden Fall bringt Zeitarbeit alles mit, was man sich von einem geregelten Arbeitsverhältnis wünscht: Einen ordentlichen Vertrag, regelmäßige Einkünfte, bezahlten Urlaub und Krankengeld, Sozialversicherungs- und Rentenbeiträge. Und für Frauen mit Familie sogar die Möglichkeit, sich gezielt in eine Teilzeitstelle mit von ihnen selbst festgelegten Zeiten vermitteln zu lassen.

Also arbeiten wo und wann ich will? Nicht ganz. Manchmal müssen Zeitarbeiter nämlich auch minder qualifizierte Jobs annehmen und wenn man ständig wegen zu langer Anfahrten oder Ähnlichem eine Arbeitsstelle ablehnt, wird das bei der Zeitarbeitsfirma auch nicht gerne gesehen.

Aber von vorne: Ihr Arbeitgeber ist die Zeitarbeitsfirma. Genau wie bei jeder anderen Firma müssen Sie sich dort vor-

stellen und Ihre Qualifikation nachweisen. Das läuft im Prinzip ganz genauso wie bei einem Bewerbungsgespräch. Manchmal müssen auch Tests absolviert werden, wo dann beispielsweise die Englisch- oder Maschinenschreibkenntnisse geprüft und eingeschätzt werden.
Einen Arbeitsvertrag gibt es, sobald der erste Auftrag für den Bewerber gefunden worden ist. Ist man dann erst mal bei der Zeitarbeitsfirma eingestellt, wird der Lohn auch weitergezahlt, wenn es gerade mal keine passende Aufgabe gibt. Zeitarbeiter müssen dann auf Abruf bereitstehen. So weit, so gut.
Wichtig ist, gerade für berufstätige Mütter, im Vertrag den Einsatzbereich auf ein bestimmtes Gebiet einzuschränken. Wenn lange Fahrtwege unter Umständen ein Handicap für den Einsatz bei einer Firma werden könnten, sollte man das vorher regeln. Im Idealfall sollte im Arbeitsvertrag auch die Tätigkeit abgegrenzt sein. Zwar muss ein Zeitarbeiter damit rechnen, generell auch einmal eine minder qualifizierte Arbeit zu übernehmen. Eine vertragliche Festlegung wird aber verhindern, dass das zur Regel wird.
Wie lange ein Zeitarbeiter einer Firma ausgeliehen wird, ist abhängig vom Grund des Einsatzes. Zeitarbeiter werden von Firmen oftmals angefordert, um Engpässe zu überbrücken. Viele Betriebe brauchen jemanden, der während eines großen Auftrages mithilft oder der kurzfristig bei Krankheit einspringt. Manchmal übernimmt ein Zeitarbeiter über die gesamte Elternzeit eines fest angestellten Mitarbeiters dessen Aufgaben. So variieren die Zeitspannen für einen Einsatz gewaltig. Das kann von einigen Tagen bis hin zu mehreren Monaten reichen.
Die wichtigste Voraussetzung, die ein Zeitarbeiter mitbringen muss, ist daher Flexibilität auch im Umgang mit Menschen. Ständig wechselnde Aufgabenfelder, immer neue Kollegen – so kommt kaum langweilige Routine auf, aber man kann auch keine dauerhaften kollegialen Beziehungen auf-

bauen. Und auch wenn man sehr viele Einblicke in unterschiedliche Firmenstrukturen und ständig neue Arbeitsabläufe kennen lernt, bleibt eine richtige Karriereplanung auf der Strecke. Mit wichtigen Projekten und verantwortungsvollen Aufgaben werden nämlich in erster Linie die fest angestellten Mitarbeiter betraut.
Oftmals gelingt es Arbeitnehmern jedoch über den Umweg Zeitarbeit, bei einer Firma festen Fuß zu fassen. Immerhin etwa 170 000 Zeitarbeiter schaffen es jährlich, in ein festes Beschäftigungsverhältnis übernommen zu werden, so Zahlen des Bundesverbandes Zeitarbeit Personal-Dienstleistungen (BZA).

Das sollten Sie als Zeitarbeiterin wissen[4]

❒ *Behördliche Erlaubnis*

Jedes Zeitarbeitsunternehmen benötigt eine behördliche Erlaubnis zur gewerbsmäßigen Arbeitnehmerüberlassung. Die entsprechende Urkunde hängt oftmals in den Geschäftsräumen aus oder kann auf Verlangen eingesehen werden.

❒ *Mitgliedschaft im Bundesverband Zeitarbeit Personal-Dienstleistungen e.V.*

Ein Qualitätsmerkmal in der Zeitarbeit ist die Mitgliedschaft eines Unternehmens im Bundesverband Zeitarbeit Personal-Dienstleistungen e.V. (BZA).
Alle BZA-Mitglieder sind im Besitz der behördlichen AÜG-Erlaubnis und kümmern sich um die Arbeitssicherheit ihrer Mitarbeiter. Außerdem unterhält der BZA eine Beschwerdestelle für Zeitarbeitnehmer von Mitgliedsfirmen.

❑ *Ordnungsgemäße Betriebsorganisation*
Die behördliche Erlaubnis zur gewerbsmäßigen Arbeitnehmerüberlassung bescheinigt unter anderem das Vorliegen einer ordnungsgemäßen Betriebsorganisation. Diese wird sich Ihnen in der Regel schon rein optisch darstellen. Ordentliche Geschäftsräume und angemessene Umgangsformen sind auch bei Zeitarbeitsunternehmen Visitenkarten.

❑ *Merkblatt der Bundesanstalt für Arbeit*
Das Zeitarbeitsunternehmen ist verpflichtet, Ihnen bei Vertragsabschluss ein Merkblatt der Bundesanstalt für Arbeit über den wesentlichen Inhalt des Arbeitnehmerüberlassungsgesetzes (AÜG) auszuhändigen. Lesen Sie es sorgfältig durch, bevor Sie einen Vertrag unterschreiben.

❑ *Reguläre Arbeitsverhältnisse*
Reguläre Arbeitsverhältnisse in der Zeitarbeit sind selbstverständlich:

- In der Regel werden unbefristete Vollzeitarbeitsverhältnisse vereinbart, aber auch befristete Verträge sind möglich.
- Das Zeitarbeitsunternehmen übernimmt alle üblichen Arbeitgeberpflichten (Lohnzahlungsabführung von Steuern und Sozialabgaben, Entgeltfortzahlung bei Krankheit und Urlaub usw.).
- Es gilt das allgemeine Arbeitsrecht einschließlich des gesamten Arbeitsschutzrechtes (z.B. Kündigungsschutz-, Mutterschutz-, Erziehungsgeldgesetz). Sollte das Zeitarbeitsunternehmen einmal keinen Einsatz für Sie bei einem Kundenunternehmen haben, so erhalten Sie dennoch Ihre im Arbeitsvertrag vereinbarte Vergütung.

- Nach § 11 Abs. 1 AÜG muss der Zeitarbeitsunternehmer den wesentlichen Inhalt des Arbeitsverhältnisses in eine von ihm zu unterzeichnende Urkunde aufnehmen. Bei Ausländern erfolgt die Abfassung der Urkunde in deren Muttersprache. Die Urkunde enthält insbesondere:
- die Art der zu leistenden Tätigkeit (Beschreibung/Charakterisierung/Qualifikation)
- Beginn und Dauer des Arbeitsverhältnisses
- die maßgeblichen Kündigungsfristen
- die Höhe der Vergütung, etwaige Zuschläge, freiwillige Zusatzleistungen des Arbeitgebers
- Leistungen bei Krankheit, Urlaub und vorübergehender Nichtbeschäftigung
- die Arbeitszeit
- das Einsatzgebiet
- die Zahl der Urlaubstage (mindestens 24 Werktage bzw. 20 Arbeitstage = 4 Wochen pro Jahr)

Hier gibt's Infos

Die Zeitschrift *Focus* hat Jobbörsen im deutschsprachigen Raum getestet. Sechs qualifizierte Berater prüften zunächst 200 Stellenmärkte. 60 davon – 20 allgemeine Jobbörsen und 40 für spezielle Berufsgruppen – nahmen sie mit einer mehrseitigen Checkliste genauer unter die Lupe.
Schwerpunkt des Tests: Suchmöglichkeiten, Service, Anzahl und Aktualität der Angebote.

Die besten:

www.jobpilot.de
www.job-content.com
www.stepstone.de
www.stellenanzeigen.de

Wer sich den Gang zum Arbeitsamt sparen will, der kann auch über die Internetseite www.arbeitsamt.de unter der Rubrik Stellen- und Bewerberbörse einen Job suchen. Lässt man sich registrieren, ist es darüber hinaus möglich, sein eigenes Bewerberprofil ins Netz zu stellen oder sich online auf eine Stelle zu bewerben.
Mehr zum Thema Bewerbung finden Sie in dem Buch »Die optimale Bewerbung. Von der richtigen Vorbereitung zum erfolgreichen Vorstellungsgespräch« von Thomas R. Schmidt, München: Heyne Verlag 2002.
Wie Sie im Anschluss dann im ersten Talk mit dem Personalchef punkten, zeigt Katharina Hoffmann in »Erfolgreich im Vorstellungsgespräch«, München: Heyne Verlag 2004.
Frauen-Coach Anja Kolberg checkt Ihre Bewerbungsunterlagen und gibt Ihnen ein professionelles Feedback. Dafür schicken Sie ihr einfach Ihre Bewerbungsmappe, so wie Sie sie einem potenziellen Arbeitgeber präsentieren würden – auch gerne mit Stellenanzeige und Anschreiben. Der Check kostet 69 Euro. Infos bei:

Anja Kolberg
Kreative Lösungen
Postfach 46 01 14
50840 Köln
T: 02 21 – 9 48 38 65
www.frauencoaching.de.

Infos zum Thema Zeitarbeit:

Bundesverband Zeitarbeit Personal-Dienstleistungen e.V.
Prinz-Albert-Straße 73
53113 Bonn
T: 02 28 – 76 61 20
F: 02 28 – 7 66 12 26
www.bza.de

Wie man alle Möglichkeiten der Jobsuche nutzt, beschreibt Thomas R. Schmidt in dem Buch »Die besten Strategien für die Jobsuche«, München: Heyne Verlag 2005.
Ein Nachschlagewerk mit den wichtigsten Begriffen ist das Buch »Zeitarbeit von A–Z« von Peter Hansen und Wolfram Kanstinger, München: dtv-Beck Verlag, 2004.

4. Kapitel

Halber Job, volles Familienleben

Wie gut sind Teilzeit, Mini-Job & Co. für Berufsrückkehrerinnen?

Viele Mütter können nicht Vollzeit arbeiten. Andere wollen auch einfach nicht mehr vierzig Stunden und mehr in der Woche für ihren Arbeitgeber da sein. Dafür gibt es Alternativen: Mini-Jobs, Teilzeit, Telearbeit, Job-Sharing oder Selbstständigkeit sind Möglichkeiten, Familie und Beruf zu kombinieren.
Doch nicht alle Wege führen zum gewünschten Ziel. »Es hängt entscheidend vom Arbeitnehmerstatus vor den Kindern ab, ob Frauen für sich das Optimum erreichen«, so der Berliner Fachanwalt für Arbeitsrecht, Dr. Christian Lampe. Er beleuchtet die Möglichkeiten und nennt deren Vor- und Nachteile für Mütter, die in ihren Beruf zurückkehren wollen.

Teilzeit: Feste Planung für Familie und Job

Vor nicht allzu langer Zeit hieß es in den Chefetagen: »Ganz oder gar nicht«. Zum Glück hat sich die rechtliche Position berufstätiger Mütter in diesem Punkt geändert. Durch das Gesetz zu Teilzeitarbeit und befristeten Arbeitsverträgen ha-

ben Frauen mit Kindern die Möglichkeit, sich sowohl um ihren Beruf wie auch ihre Familie zu kümmern. Und Männer haben ebenfalls das Recht zugesprochen bekommen, nicht Allein-Ernährer, sondern auch Vater sein zu können (ob sie Teilzeit arbeiten wollen, steht natürlich auf einem anderen Blatt). Mittlerweile arbeitet jede dritte Frau mit Kind Teilzeit, hat das Statistische Bundesamt festgestellt.
Eine Umwandlung in Teilzeitarbeit kann jede Frau beantragen, die länger als sechs Monate bei ihrem Arbeitgeber angestellt ist, wenn die Firma mindestens 15 Mitarbeiter (ohne Azubis) beschäftigt. Abgelehnt werden kann der Teilzeitanspruch nur aus »betrieblichen Gründen«. Als solche können zum Beispiel die Produktion in bestimmten Schichtlängen oder mit Reisen verbundene Aufgaben angeführt werden. Für eine Ablehnung müsste die Firma jedoch nachweisen, dass der Job auf gar keinen Fall in Teilzeit erledigt werden kann. Wenn die Kinderbetreuung allerdings gesichert ist, wird es schwer, einer berufstätigen Mutter Reiseunfähigkeit zu unterstellen.
Wollen Sie Ihre Arbeitszeit verkürzen, müssen Sie dies dem Arbeitgeber mindestens drei Monate vorher – am besten schriftlich – ankündigen. Normalerweise reagiert der Chef oder das Personalbüro auf den Brief, um sich mit Ihnen auf eine Regelung der Arbeitszeiten und der Arbeitsverteilung zu einigen. Reagiert er jedoch bis spätestens einen Monat vor Teilzeitbeginn nicht, gelten kraft Gesetz die vom Arbeitnehmer angegebenen Wünsche. Wenn der Teilzeitanspruch befristet wird, kann der Vertrag nicht verlängert werden. Ausnahme natürlich: Arbeitgeber und Arbeitnehmer sind sich einig.

Das müssen Sie regeln

In Ihrem Brief muss neben dem Wunsch auf Teilzeitarbeit geregelt werden:

- Ab wann möchten Sie die Arbeitsstunden reduzieren?
- Auf wie viele Stunden?
- Wie werden die Arbeitsstunden auf die Woche verteilt (ganz konkret, beispielsweise Montag von 8 bis 12 Uhr, Dienstag von 12 bis 16 Uhr usw.)?
- Wenn die Teilzeitarbeit befristet ist: Bis zu welchem Termin gelten die reduzierten Stunden?

Zusätzlich muss in der endgültigen vertraglichen Vereinbarung Folgendes festgehalten werden:

- Wie hoch ist das reduzierte Gehalt?
- Wie viel Urlaub steht Ihnen zu?
- Wie sieht die Arbeit aus, die in Teilzeit zu erledigen ist?
- Was passiert, wenn das Kind krank ist, die Kita streikt, die Tagesmutter kündigt? Dürfen Sie Ihren Arbeitsplatz kurzfristig verlassen, wenn der Arbeitgeber Ihnen unbezahlten Urlaub einräumt?
- Sind Sie zu Überstunden verpflichtet?
- Wenn die Teilzeit befristet ist: Welche Aufgaben, welchen Platz sieht der Arbeitgeber bei Ihrer Rückkehr in die Vollzeitstellung für Sie vor?

Übrigens ...

... auch während der Elternzeit (siehe Kapitel 4) können Sie in Teilzeit bis zu 30 Wochenstunden arbeiten. Der Rechtsanspruch bezieht sich auf Ihre bisherige Tätigkeit. Sie absolvieren dann lediglich ein geringeres Arbeitsvolumen, sonst bleibt aber alles wie in Ihrer Vollzeitanstellung. Die Voraussetzung dafür ist, dass Sie Ihre Pläne acht Wochen vor dem anvisierten Beginn der Teilzeittätigkeit Ihrem Arbeitgeber mitteilen – und zwar schriftlich. Im Nachhinein, also wenn Sie bereits in Elternzeit sind, können Sie keine Teilzeit mehr einreichen.

Vorteil: Die Teilzeitarbeit ist die beste Möglichkeit, im Job zu bleiben und dabei alle sozialen Leistungen wie in einem Vollzeit-Arbeitsverhältnis zu beziehen.

Nachteil: Nach einer Teilzeitvereinbarung haben Sie keinen Anspruch, wieder in eine Vollzeitstelle zurückzukehren. Wenn Sie nur befristet Teilzeit arbeiten wollen, sollten Sie daher unbedingt versuchen, zusätzlich zu Ihrem Vollzeitvertrag eine Zusatzvereinbarung über eine befristete Teilzeitanstellung mit Ihrem Arbeitgeber abzuschließen. Ihr Arbeitgeber muss diesem Wunsch allerdings nicht folgen. Und: Neben dem Lohn verringern sich auch die Rentenansprüche.

Hier gibt's Infos

Die Bundesregierung hat eine Broschüre speziell zu diesem Thema herausgegeben. »Teilzeit – Alles, was Recht ist«. Zu bestellen beim

Bundesministerium für Wirtschaft und Arbeit
Postfach 300265
53182 Bonn
T: 0 18 88 – 6 15 41 71
F: 02 28 – 4 22 34 62
www.bmwa.bund.de

Von Montag bis Donnerstag zwischen 8 und 20 Uhr und freitags von 8 bis 12 Uhr steht Ihnen das Bürgertelefon der Bundesregierung für Fragen zur Verfügung:

T: 0 18 05 – 61 50 04

Mini-Job: Sprungbrett oder Hilfsarbeit?

Es hat eine schicke Verpackung und einen neuen Namen bekommen. Aber hinter dem Deckmäntelchen Mini-Job verbirgt sich nichts anderes als das, was man einmal Hilfsarbeit nannte.

Jede fünfte Mutter mit minderjährigen Kindern arbeitet gelegentlich oder regelmäßig an Sonn- und Feiertagen, so das Statistische Bundesamt. Das sind 5,3 Millionen erwerbstätige Mütter. Die meisten von ihnen arbeiten im Handel- und Gastbewerbe oder als Dienstleister und in Privathaushalten. Eben da, wo es überwiegend Mini-Jobs gibt: etwa zum Putzen, bei Gartenarbeiten oder als Kinderbetreuung.

Eine Hilfskraft zahlt keine Sozialabgaben, das Gehalt muss allerdings seit dem 1. April 2003 pauschal mit zwei Prozent versteuert werden. Dabei kann man mehrere Jobs bis insgesamt 400 Euro annehmen.

Auch Mini-Jobber haben Anspruch auf Lohnfortzahlungen im Krankheitsfall für maximal 42 Tage im Jahr. Der Arbeitgeber bekommt von der Mini-Job-Zentrale der Bundesknappschaft 70 Prozent der Kosten erstattet – vielleicht müssen Sie Ihren Arbeitgeber im Fall des Falles einmal darauf hinweisen. Genauso steht Ihnen als Mini-Jobber bezahlter Urlaub zu: insgesamt vier Wochen im Jahr. Und auch Urlaubs- und Weihnachtsgeld, wenn dies im Tarif- oder Arbeitsvertrag festgelegt ist, werden gezahlt. Aber Achtung: Wenn Sie Urlaubs- oder Weihnachtsgeld erhalten, kann dadurch möglicherweise die 400-Euro-Grenze überschritten werden, sodass Ihre Beschäftigung sozialversicherungspflichtig ist.

Maßgeblich für die Versicherungspflicht ist die Summe aller Verdienste für den Zeitraum von zwölf Monaten. Angenommen, in den Monaten September bis April verdienen Sie mit Ihrem Mini-Job monatlich 500 Euro (beispielsweise durch Einmalzahlungen wie Weihnachtsgeld), in den Monaten Mai bis August jedoch nur 250 Euro. Danach kommen

Sie auf einen durchschnittlichen monatlichen Verdienst von 416,67 Euro und liegen über der 400-Euro-Grenze. Ihre Beschäftigung ist also versicherungspflichtig. Von dem Tag der Überschreitung an müssen Beiträge an die Kranken-, Pflege- und Arbeitslosenversicherung gezahlt werden. Der Arbeitgeber zieht dann dem Arbeitnehmer seinen Eigenanteil vom Lohn ab und führt diesen zusammen mit dem Arbeitgeberanteil ab. Die Höhe der Beiträge ist abhängig vom Lohn. Sie bleiben jedoch versicherungsfrei, wenn Ihr Verdienst unvorhersehbar und für maximal zwei Monate innerhalb eines Jahres die Verdienstgrenze von 400 Euro überschreitet. Das Weihnachtsgeld kann also deshalb zur Sozialversicherungspflicht führen, weil es sich dabei um eine voraussehbare Zahlung handelt.

Häufige Fragen zum Mini-Job

■ *Wann ist ein Job ein Mini-Job?*

Das Arbeitsentgelt aus dieser Beschäftigung darf regelmäßig im Monat 400 Euro nicht übersteigen. Eine zeitliche Beschränkung gibt es nicht.

■ *Wann endet die Hilfsarbeit und beginnt die Berufsmäßigkeit?*

Eine Mini-Job ist nur dann Hilfsarbeit, wenn er für die Sicherung des Lebensunterhalts oder Lebensstandards nicht notwendig ist. Die kurzfristige Beschäftigung im Sinne von Mini-Job wird dann berufsmäßig ausgeübt, wenn sie für den Beschäftigten von nicht untergeordneter wirtschaftlicher Bedeutung, also wichtig, ist. Berufsmäßigkeit liegt beispielsweise nicht vor, wenn die kurzfristige Beschäftigung neben einer Hauptbeschäftigung oder beispielsweise von Hausfrauen ausgeübt wird.

Oder rein rechnerisch: Wenn Sie regelmäßig auf mehr als 400 Euro Lohn kommen oder absehbar durch Urlaubsgeld oder Weihnachtsgeld in bestimmten Monaten die 400 Euro-Grenze überschreiten, werden Sie als Arbeitnehmer sozialversicherungspflichtig.

■ *Habe ich als Mini-Jobber einen Kündigungsschutz?*
Wenn im Vertrag nichts anderes steht, gelten die gesetzlichen Bestimmungen. Dann kann nur vier Wochen zum Monatsende oder zum 15. eines Monats gekündigt werden.

■ *Welche Abgaben fallen bei einem Mini-Job etwa als Haushaltshilfe in einem Privathaushalt für den Arbeitnehmer an?*
Der Arbeitnehmer zahlt pauschal zwei Prozent Steuern. Der Arbeitgeber übernimmt meist den Sozialversicherungsbeitrag von 23 Prozent auf das Arbeitsentgelt – das muss er aber nicht!

Vorteil: Wer seine Kinder bis zum Schuleintritt betreut hat und deshalb so lange Zeit aus dem Job raus ist, für den ist ein Mini-Job eine gute Idee, wieder erste Kontakte zur Arbeitswelt zu knüpfen.

Nachteil: Ein Mini-Job ist keine gleichwertige Alternative zur Teilzeitanstellung. Wenn Sie planen, wieder in Ihren Beruf zurückzukehren, qualifizieren Sie sich mit einer Hilfsarbeit meist nicht weiter. Wenn Sie eine Festanstellung kündigen und dann mit einem Mini-Job etwas zum Familieneinkommen beisteuern, haben Sie alle gesetzlichen Rechte verloren: die auf Rückkehr in den alten Job, auf Sozialleistungen, auf Rentenansprüche oder Rentenersatzleistungen wie Erziehungszeit.

Hier gibt's Infos

Auch zum Thema Mini-Job hat das Bundesministerium für Arbeit ein Bürgertelefon eingerichtet. Von Montag bis Donnerstag, 8 bis 20 Uhr und freitags von 8 bis 12 Uhr können Sie Fragen zu den 400-Euro-Jobs unter der Telefonnummer 0 18 05 – 61 50 04 stellen.

Kleine Jobs, Teilzeit-Jobs, Freizeit-Jobs, verrückte Jobs, Ferienjobs, Schüler- und Studentenjobs, Wochenendjobs, Tagesjobs, 30-Minuten-Jobs, steuerfreie Jobs, kurz gesagt, alle möglichen und unmöglichen Jobs und Dienstleistungen, die Sie sich nur vorstellen können, finden Sie unter der Internet-Adresse www.minijob.de.

Recht ausführlich informiert die Internetadresse der Knappschaft www.minijob-zentrale.de über Rechte und Pflichten von Mini-Jobs.

Der Verband berufstätiger Mütter hat die Broschüre »Geringfügige Beschäftigung« herausgebracht.
Zu bestellen beim Verband selbst.

Postfach 290426
50525 Köln
T/F: 02 21 – 32 65 79
www.berufstaetige-muetter.de

Selbstständig: Auf eigenen Beinen stehen

Sie haben eine Idee? Sie haben ein bisschen Kapital? Sie wollen auf eigenen Füßen stehen? Dann ran an das Projekt »Selbstständigkeit«. Vor allem Mütter, die aus der Arbeits-

losigkeit heraus oder nach einer langen Erziehungspause wieder in den Beruf einsteigen wollen, denken über eine freiberufliche Tätigkeit nach. Neben einer guten Idee brauchen Sie einen ordentlichen Businessplan, Ausdauer, Kontaktfreudigkeit, Optimismus und eine starke Familie im Rücken.
Allerdings sollte man die Existenzgründung nicht als Notlösung betrachten. Dafür muss man viel zu viel Zeit und Energie in ein solches Projekt stecken. Wer ohne Enthusiasmus startet, wird zwangsläufig scheitern. Schließlich muss eine Selbstständige sich jeden Tag aufs Neue disziplinieren, Rückschläge einstecken und Ihre Idee ständig überdenken und verbessern. Machen Sie sich klar, dass Sie als Unternehmerin allein verantwortlich sind für die Beschaffung von Kunden und Kapital, für Buchhaltung und Büroequipment und sogar fürs Putzen.

Bevor Sie einen Businessplan machen, sollten Sie folgende Fragen beantworten können:

- Warum wollen Sie sich selbstständig machen?
- Haben Sie eine Idee, die zu Ihnen passt?
- Kennen Sie den Markt für Ihre Idee?
- Haben Sie Kontakte in der Branche?
- Kennen Sie die Konkurrenz?
- Was unterscheidet Sie vom Angebot der Konkurrenz?
- Haben Sie Ihre Idee mit vielen unterschiedlichen Menschen diskutiert?
- Haben Sie Ideen für die Kundenakquise?
- Haben Sie Erfahrungen, die Sie für Ihre Idee nutzen können?
- Haben Sie Unterstützung im Familienmanagement?
- Haben Sie einen Notfallplan, falls Sie mit Ihrem Projekt scheitern?

Wenn Sie diese Fragen beantworten können, haben Sie schon mal ein ganzes Stück Arbeit auf dem Weg ins eigene Unternehmen geschafft.
Natürlich ist es günstig, sich bereits vor der Geburt Ihres Kindes mit der Möglichkeit einer Selbstständigkeit zu beschäftigen. Sollte der Gedanke noch frisch für Sie sein, sollten Sie zunächst damit beginnen, Ihre Idee so konkret wie möglich zu formulieren. Daraus ergeben sich weitere Fragen.
Wenn Sie zum Beispiel einen Second Hand-Laden mit kleiner Café-Ecke aufmachen wollen, müssen Sie klären: Welcher Standort ist günstig? Wo gehen Mütter einkaufen? Was kosten Ladenflächen in dieser Gegend? Wie viel Gewinn müssten Sie täglich machen, um Miete, Renovierung, Einrichtung und Versicherung zu bezahlen? Reicht das Ersparte, oder müssen Sie einen Kredit aufnehmen? Wer könnte Ihnen Geld leihen? Woher kommt die Ware? Welche Voraussetzungen muss man erfüllen, um ein Café aufzumachen? Brauchen Sie in absehbarer Zeit Personal? Wenn Sie auf diese Fragen eine Antwort wissen, kann aus dem Luftschloss durchaus ein Traumhaus werden.
Wenn Sie Kredit aufnehmen wollen, müssen Sie alle Details in einem Businessplan festlegen. Dort werden auch Chancen und Risiken Ihrer Geschäftsidee benannt, darunter Unternehmensziele, Angebote, Konkurrenz und Finanzierung.

Checkliste: Selbstständigkeit planen

Wer gründet, sollte Folgendes ausarbeiten:

- ❑ einen Finanzierungsplan, der festlegt, aus welchen Quellen das Geld kommt
- ❑ einen Kapitalbedarfsplan, der ermittelt, wie viel Geld Sie benötigen

- eine Marketingstrategie, mit der Sie festlegen, wie Sie Kunden für Ihr Produkt oder Ihre Dienstleistung akquirieren
- Sie sollten außerdem eine Rechtsform für Ihr Unternehmen finden. Diese legt fest, welche Handlungsfreiheiten Sie als Unternehmerin haben, wie viel Startkapital Sie brauchen, wie Sie haften, welche Steuern Sie zahlen, welche Formalitäten Sie beachten müssen und auch, welches Image Ihr Unternehmen hat. Zum Glück gibt es von der Bundesagentur für Arbeit finanzierte Existenzgründungskurse, in denen Sie sich über Vor- und Nachteile der einzelnen Möglichkeiten informieren können.

So weit das Geschäftliche. Ganz nebenbei haben Mütter aber immer noch ihre Familie zu managen. Denn die meisten Existenzgründerinnen müssen mit der Doppelbelastung Beruf und Familie zurechtkommen. Kinderbetreuung, Haushalt und »Nestpflege« lasten weiterhin wie selbstverständlich auf ihnen.

Vorteil: Wer sich selbstständig macht, schafft sich seinen eigenen Arbeitsplatz. Viele Vorhaben werden finanziell gefördert. Wer eine gute Idee, Erfahrung und Kontakte hat und die Familie hinter sich weiß, sollte darüber nachdenken.

Nachteil: Es dauert eine Weile, bis ein Geschäft aufgebaut ist und eine Gründung sich rentiert. In dieser Zeit ist man oft vom Partner abhängig. Schließlich sollte die Familie wenigstens ein gesichertes Einkommen haben. Darüber hinaus frisst eine Gründung gerade am Anfang oft deutlich mehr Zeit als geplant. Ein gutes Kinderbetreuungsmanagement ist daher Voraussetzung.

Übrigens ...

... wer schon in der Elternzeit über die Selbstständigkeit nachdenkt, kann zunächst ohne Verzicht auf seine Ansprüche bis zu 30 Stunden arbeiten. Bis zu dieser Grenze gilt man noch nicht als »hauptberuflich selbstständig«. Das ist insofern wichtig, als dass Sie zum Beispiel in der Sozialversicherung entweder als »Arbeitnehmer in Elternzeit« oder als »Selbstständiger« geführt werden. Dadurch verändern sich beispielsweise Ihre Krankenversicherungsbeiträge.

Hier gibt's Infos

Es gibt viele Beratungsangebote, die sich auf Existenzgründerinnen spezialisiert haben. Diese sollten Sie unbedingt in Anspruch nehmen. Hier wird nämlich nicht nur die finanzielle Situation beleuchtet, sondern auch der gesamte familiäre Hintergrund mit in die Planung einbezogen. Denn schließlich wollen Sie ja Kind und Karriere unter einen Hut bringen.
Fragen zur Existenzgründung beantwortet die Info-Broschüre der Bundesregierung »Ich-AG und andere Kleingründungen«. Außerdem interessant: »Starthilfe – Der erfolgreiche Weg in die Selbstständigkeit« inklusive der CD-Rom »Kleingründungen« und das »Softwarepaket für Gründer und junge Unternehmen«.
Monatlich erscheint das Faltblatt »Gründerzeiten« mit Informationen zur Existenzgründung. Herausgeber ist ebenfalls das Bundesministerium für Wirtschaft und Arbeit. Darin werden wechselnde Themen wie »Weiterbildung«,

»Mentoring« und »Verhandlungen« besprochen. Die Hefte kann man abonnieren oder einzeln nachbestellen.

Bestelladresse für alle genannten Publikationen:

Bundesministerium für Wirtschaft und Arbeit
Postfach 300265
53182 Bonn
T: 0 18 88 - 6 15 41 71
F: 02 28 - 4 22 34 62
www.bmwa.bund.de

Jobsharing: Halbe Stelle, volle Kraft

Zwei Leute, ein Job – so einfach ist Jobsharing: Ein Arbeitsplatz wird mit allen Aufgaben und Pflichten auf mindestens zwei Personen verteilt. Voraussetzung für diese besondere Form der Halbtagsbeschäftigung ist das Teilzeit- und Befristungsgesetz.

Wie die Arbeit zwischen den beiden Jobsharern verteilt wird, ist in erster Linie eine Frage der Absprache. Beide sollten gemeinsam einen Zeitplan entwerfen, wann wer zu arbeiten hat. In der Praxis ist das häufig ein Halbtagsrhythmus, also einer am Vormittag, der andere ab mittags. Je nach betrieblicher Struktur sind aber auch Wochen- oder gar Monatsrhythmen machbar – natürlich nur, wenn der Arbeitgeber einverstanden ist.

Wie bei einer Vollzeitstelle haben die Jobsharer alle Arbeitnehmerrechte, wie beispielsweise Kündigungsschutz, Urlaubsanspruch, Krankheitstage. Wichtig: Der eine muss den anderen auch nicht zwingend während seiner Abwesenheit vertreten. Auch muss niemand für Fehler seines Kollegen gerade stehen oder gar ebenfalls den Hut nehmen, wenn das Teammitglied kündigt oder gekündigt wird.

So weit, so schön. Nun kommt das große ABER: Jobsharing ist nicht unbedingt jedermanns und jederfraus Sache. Wer kein Teamplayer ist, kann die Idee gleich in den Wind schießen. Denn ohne Absprache, hundertprozentiges Vertrauen und ständige Kommunikation klappt das Teilen einer Arbeitsstelle nicht. Regelmäßige Abstimmung, Informationsaustausch und rege Gespräche untereinander sind unabdingbar für einen glatten Ablauf. Wer sich da im Team nicht grün ist, scheitert garantiert.

Rechenbeispiel

Eine Vollzeitstelle von bisher 40 Wochenarbeitsstunden verteilt auf fünf Tage à acht Stunden wird von zwei Personen besetzt. Beide Arbeitnehmer können sich beispielsweise auf eine Verteilung von fünf mal fünf Stunden für jeden einigen. Freizeitgewinn für beide: drei Stunden täglich. Wollen beide Teammitglieder nur eine 3-Tage-Woche, werden die Wochenarbeitsstunden auf zweimal acht und einmal fünf Stunden verteilt. Freizeitgewinn: zwei freie Tage und einmal drei Stunden. Beides ist allerdings mit zusätzlichen Kosten für den Arbeitgeber verbunden, da in der Summe über 40 Stunden anfallen.

Vorteil: Für Arbeitnehmerinnen in Unternehmen mit langen Servicezeiten – wie etwa im Verkauf oder in einer Bank – ist Jobsharing eine großartige Möglichkeit im Beruf zu bleiben, ohne auf Sozialleistungen zu verzichten.

Nachteil: Für den Arbeitgeber können höhere Personalkosten entstehen. Auch ist der Aufwand bei der Personalauswahl größer. Bei Schwierigkeiten kann es zu gegenseitigen Schuldzuweisungen kommen. Daher braucht man gute Argumente, um den Chef von der Idee des Jobsharings zu überzeugen.

Hier gibt's Infos

Der Online-»Ratgeber Recht« (www.ratgeberrecht.de) des WDR beleuchtet kurz und knapp die rechtlichen Grundlagen von Teilzeitarbeitsplatzverhältnissen wie dem Jobsharing. Geben Sie in die Suchmaske einfach die Begriffe »Job« und »Sharing« ein.
Das Handbuch »Familienfreundliche Maßnahmen im Betrieb« befasst sich mit neuen Arbeitsplatzmodellen.

Zu bestellen beim

Bundesministerium für Familie, Senioren,
Frauen und Jugend
Broschürenstelle
Postfach 20 15 51
53145 Bonn

Telearbeit: Auf der Datenautobahn in die Firma

Sie sitzen zu Hause, tippen in den PC die letzten Firmen-Bilanzen ein und draußen spielen die Kids im Sandkasten. So ungefähr muss man sich das Idealbild einer Telearbeiterin vorstellen.
Obwohl Telearbeit als wichtige Chance für Mütter gehandelt wird, spielt sie in der Praxis noch keine große Rolle: Erst etwa sechs Prozent der Erwerbstätigen sind Telearbeiter. Doch der Bund setzt mit Pilotprojekten alles daran, die Verbreitung dieser Arbeitsform zu beschleunigen.[5]
Als Telearbeit gilt grundsätzlich jede Arbeit, die mit Hilfe moderner Informationstechnik *nicht* im Firmenbüro erledigt wird. Unterschieden wird zwischen einer Dauerlösung und einer so genannten alternierenden Lösung. Bei letzterer ar-

beitet der Telearbeiter abwechselnd im Büro und zu Hause. Telearbeiterinnen in Festanstellung sind arbeitsrechtlich genauso gestellt wie im Büro anwesende Kolleginnen: Sie haben ein festes Arbeitsgebiet und Urlaubsanspruch. Und: Der Arbeitgeber muss den Arbeitsplatz ausstatten.
Alles in allem also das Gleiche wie im Büro. Nur brauchen Sie zu Hause ein Örtchen, an dem Sie ungestört und diszipliniert arbeiten können. Dazu reicht auch nicht der Küchentisch. Wenn das Marmeladenbrot Ihres Jüngsten auf wichtigen Verträgen landet, findet Ihr Chef das nämlich wohl weniger lustig.

CHECKLISTE: Das muss im Vertrag stehen

Ein Vertrag mit dem Arbeitgeber sollte in jedem Fall folgende Punkte enthalten:

- ❑ den Beschäftigungsort
- ❑ Beginn und Ende des Telearbeitsverhältnisses
- ❑ Arbeitszeiten ggf. im Büro und zu Hause separat
- ❑ Zeiterfassung; also wie wird die tatsächliche Arbeitszeit nachgewiesen?
- ❑ detaillierte Beschreibung der Arbeitsaufgaben
- ❑ Festschreibung des Rechts auf Weiterbeschäftigung, sollte das Telearbeitsverhältnis gekündigt werden
- ❑ Entgeltvereinbarung
- ❑ Vergütung der Fahrtkosten
- ❑ Aufwandsentschädigung für anteilige Miet- und Betriebskosten

Vorteil: Zeit ist das kostbarste Gut im Leben einer berufstätigen Mutter. Mit einem Telearbeitsplatz spart man sich Anfahrtswege, denn das Büro ist zu Hause. Zudem kann man die Arbeitszeit frei einteilen und sich an den Rechner setzen, wenn die Kids im Kindergarten sind oder schlafen.

Wer gut organisiert ist und sich selbst disziplinieren kann, sollte den Arbeitgeber auf die Möglichkeit der Telearbeit ansprechen.

Nachteil: Nicht jeder Beruf ist für Telearbeit geeignet. Dateneingabe funktioniert zwar im Büro genauso wie zu Hause, Kundenbetreuung aber meistens nicht. Wer kein vertrauensvolles Verhältnis zu seinem Boss hat, muss auf Streitigkeiten und Nachfragen über die Effektivität seiner Arbeit gefasst sein.

Hier gibt's Infos

Das Bundesministerium für Wirtschaft und Technologie hat das Handbuch »Telearbeit. Leitfaden für flexibles Arbeiten in der Praxis« herausgegeben. Außerdem gibt es die Info-CD »Der Bildschirmarbeitsplatz«, die sich mit dem Thema beschäftigt.

Zu beziehen beim

Bundesministerium für Wirtschaft und Technologie
Referat Öffentlichkeitsarbeit
11019 Berlin
T: 02 28 - 6 15 41 71
F: 02 28 - 4 22 34 62
www.bmwi.de

Einen Musterarbeitsvertrag für Telearbeiter finden Sie unter www.telework-mirti.org.
Neuigkeiten und Informationen sind beim Verband Telearbeit Deutschland e.V. zu erfragen:

Verband Telearbeit Deutschland e.V.
c/o gutura GmbH
Liststraße 9
71336 Waiblingen
T: 0 71 51 - 50 28 40
F: 0 71 51 - 5 02 84 11
www.vtd.org.

Wie sieht ein Projektplan zu Einführung von Telearbeit in einem Unternehmen aus? Welche Vorteile bietet die Telearbeit? Wie finde ich als Freelancer Auftraggeber?
Fragen, die die webside www.telearbeit.net zu beantworten versucht. Dazu gibt's Links und eine Kontaktbörse für Telearbeiter und solche, die es werden wollen.

Jagen Sie die Zeiträuber!

Wie soll Ihr Leben mit Job und Kind – oder Kindern – aussehen? Wie viel Zeit wollen Sie in Ihren Beruf, wie viel in Ihre Familie investieren? Nur wenn Sie das wissen, können Sie wichtige Absprachen treffen: mit Ihrem Partner über die Aufteilung der Elternzeit und das Finanzielle; mit den Kindern über Betreuung und Mithilfe im Haushalt; und mit Ihrem Arbeitgeber über Elternzeit, Teilzeit und Wiederkehr.
Doch möglicherweise haben Sie sich schon häufiger gewundert, dass es nie gelingt, Absprachen einzuhalten. Immer ist weniger Zeit für Sie vorhanden als geplant. Vielleicht stehlen Zeiträuber Ihnen heimlich oder offensichtlich Zeit? Dann sollten Sie sich einen Überblick darüber verschaffen, was wie lange dauert: Wann beginnen Sie, die Küche aufzuräumen, und wann hören Sie damit auf? Wie viel Zeit brau-

chen Sie für Frühstück und Mittagessen? Wie lange dauert Einkaufen und Herumkutschieren der Kinder (zur Schule, zum Sport oder zu Freunden)? Was bleibt Ihnen zum Ausruhen und Schlafen? Machen Sie sich klar, was mit Ihrer wertvollen Zeit passiert!
Dann überlegen Sie, was verzichtbar ist: Es muss nicht jeden Tag Staub gesaugt werden. Ihr Mann kann seine Hemden selber bügeln oder in die Reinigung geben. Kinderklamotten müssen überhaupt nicht gebügelt werden. Nicht jede Tante muss zum Geburtstag eine individuelle Karte plus ein selbst gemaltes Bild Ihres Kindes bekommen. Streichen Sie alles aus Ihrer Tagesplanung, was nicht absolut notwendig ist. Berechnen Sie auch für Ihre Hausarbeit einen Stundenlohn und fragen Sie sich bei allen Aufgaben, ob sie diesen Stundenlohn wert sind. Nur, wenn Sie Ihre Zeit im Griff haben, können Sie mit allen Beteiligten Absprachen treffen, die auch funktionieren.

5. Kapitel

Zauberwort: Dranbleiben

Mit Pauken und Plan zurück in den Job

Von Null auf Hundertfünfzig – das wird nicht funktionieren. Sie brauchen einen Plan, wie Sie den Wiedereinstieg meistern wollen. Und Sie müssen dafür pauken. Denn – seien Sie ehrlich zu sich selbst: Eine Babypause hinterlässt Wissenslücken, die es zu füllen gilt! Weiterbildung, Fernstudiengänge oder Vertretungsjobs garantieren, dass Sie die Löcher stopfen und dranbleiben am Beruf.

Unternehmen honorieren diesen Einsatz: Eine Umfrage der Deutschen Industrie- und Handelskammer (DIHK) ergab, dass Arbeitnehmer, die berufsbegleitende Unterrichtsstunden und Kosten auf sich nehmen, vom Chef positiv bewertet werden.

Dabei sind Frauen Spitzenreiter, was den Seminarbesuch angeht. Allerdings: »Sie belegen hauptsächlich Kurse, die sich mit soften Themen beschäftigen. In der beruflichen Weiterbildung sind sie definitiv unterrepräsentiert«, so Knut Diekmann vom DIHK.

Natürlich spricht nichts gegen weiche Themen, wie Kommunikation, Selbstbewusstsein, Konfliktmanagement oder gesunde Ernährung am Arbeitsplatz. Wichtig aber ist vor allem, dass Sie mit Hilfe von Kursen Lücken in Ihrem Fachwissen schließen. Wenn beispielsweise während Ihrer Auszeit eine neue Software im Betrieb eingeführt wurde, dann sollten Sie sich frühzeitig um einen entsprechenden Kurs kümmern.

Pflegen Sie Ihre Job-Kontakte

Oft sind Veränderung am Arbeitsplatz während der Babypause eine Hürde für den Wiedereinstieg: Neue Kollegen, neue Aufgaben, neue Geschäftspartner haben das Jobumfeld verändert. Aus der altbekannten Kollegin ist die »Neue mit dem Kind« geworden. Kein schöner Gedanke, nach etlichen Berufsjahren wieder bei Null anzufangen. »Vor dem Kind waren die Frauen meist auf dem Hoch ihres Expertenwissens«, erklärt Knut Diekmann. »Verabschieden sich die Mütter dann für einige Zeit aus dem Berufsleben, spielen sie bei ihrer Rückkehr nicht mehr die erste Geige.«
Dem sollten Sie entgegenwirken, indem Sie Ihr Fachwissen frisch halten. Suchen Sie während der gesamten Elternzeit Kontakt zu Ihren Kollegen. So bleiben Sie über Vorgänge und Veränderungen in der Firma informiert. Bieten Sie sich als Urlaubsvertretung oder »Springer« bei Krankheit an. So zeigen Sie Präsenz und füllen automatisch Ihr Wissenskonto auf.
Darüber hinaus sind Sie über betriebsinterne Fortbildungen informiert. Erklären Sie sich bereit, daran teilzunehmen – natürlich unentgeltlich. Das macht Eindruck beim Chef. Außerdem stehen Sie später bei Ihrer Rückkehr nicht da wie ein Azubi – denken Sie an Ihr Selbstbewusstsein!

Elternzeit als Chance

Eine gesetzliche Neuerung der Erziehungszeit für Kinder bietet Frauen die Chance, am Job dranzubleiben, ohne auf Rechte wie Kündigungsschutz zu verzichten. Zudem sind

Frauen nun per Gesetz nicht mehr alleine für die Kindererziehung zuständig. Mütter und Väter können sich die dreijährige Elternzeit teilen. Das heißt im Klartext: Egal ob Mutter oder Vater – Sie haben während der dreijährigen Elternzeit Anspruch auf Weiterbeschäftigung. Außerdem dürfen Sie in der Elternzeit arbeiten und zwar bis zu 30 Stunden pro Woche (siehe auch die Erläuterungen zur Teilzeitarbeit in Kapitel 4). Bis sechs Wochen nach der Geburt müssen Sie festlegen, welcher Elternteil wie lange Erziehungszeit nehmen will. Und zwar bis zum zweiten Geburtstag des Kindes. Die restlichen zwölf Monate dürfen mit Zustimmung des Arbeitgebers auch noch genommen werden, bis das Kind acht Jahre alt ist. Gute Möglichkeiten also, während der Babypause nicht ganz von der beruflichen Bildfläche zu verschwinden.

CHECKLISTE: Welches Wissen fehlt?

- ❑ Ist Ihr PC-Wissen up-to-date?
- ❑ Wenn Sie Fremdsprachen brauchen: Sind Sie noch gewappnet für die Korrespondenz?
- ❑ Welche internen Veränderungen hat es in der Firma gegeben: Gibt es neue Produkte? Gab es personelle Veränderungen?
- ❑ Fragen Sie Kollegen und/oder Ihren Chef, welche internen Weiterbildungsseminare anstehen und bieten Sie an, diese zu besuchen.
- ❑ Wenn Sie etwas Neues machen wollen: Recherchieren Sie bei Ihrer Wunschfirma, welche Qualifikationen Sie für Ihren Traumjob brauchen. Damit zeigen Sie nicht Ihr Unwissen, sondern Sie demonstrieren, wie viel Ihnen an dem neuen Job liegt.
- ❑ Erkundigen Sie sich bei Zeitarbeitsfirmen, welche Voraussetzungen dort für eine Bewerbung auf Ihren Traumjob gewünscht werden.

Orientierungshilfe im Weiterbildungsdschungel

Die richtige Weiterbildung auszuwählen – das ist nicht ganz einfach. Industrie- und Handelskammern, die Handwerkskammern und die Agentur für Arbeit bieten gezielte Beratungen an. Für Wiedereinsteigerinnen ist die beste Adresse die regionale Frauenberatungsstelle, hat eine Untersuchung der Stiftung Warentest ergeben.[6]

Eigens für Frauen wurden regionale Frauenberatungsstellen eingerichtet, die Wiedereinsteigerinnen beim Sprung ins Berufsleben begleiten sollen. Die Berater helfen bei der Orientierung auf dem Weiterbildungsmarkt, entwickeln persönliche Weiterbildungsstrategien und suchen gemeinsam nach geeigneten Kursen.

Übrigens ...

... haben Berufsrückkehrerinnen gute Chancen auf die Finanzierung von Fortbildungsmaßnahmen durch die Agentur für Arbeit. Als Berufsrückkehrerin gelten Sie, bis Ihr jüngstes Kind 15 Jahre alt ist.

Die wichtigsten Voraussetzungen für eine Förderung sind:

- Sie haben innerhalb der letzten zwei Jahre mindestens ein Jahr im Job ausgesetzt, um Kinder unter 15 Jahren zu erziehen.
- Sie sind arbeitssuchend gemeldet.
- Die Weiterbildungsmaßnahme wird vom Arbeitsamt anerkannt. Dabei muss es sich nicht zwingend um ein Angebot vom Arbeitsamt handeln. Auch Kurse von privaten Anbietern werden gefördert.

- Der Kurs muss sinnvoll sein. Die Zusatzqualifikation muss Ihre Chancen auf dem Arbeitsmarkt erhöhen.
- Der Lehrgang sollte im nahen Umfeld angeboten werden.

Die Bundesagentur für Arbeit vergibt Bildungsgutscheine, wenn alle oben genannten Voraussetzungen erfüllt sind. Diese bestätigen der Antragstellerin das Recht auf eine öffentlich geförderte berufliche Qualifizierung oder auf eine Umschulung, wenn ein neuer Berufsabschluss angestrebt wird. Auf dem Gutschein werden Bildungsziel, Inhalt, Dauer und die Region, in der die Weiterbildung stattfindet, festgeschrieben.

Wo kann man richtig was lernen?

Weiterbildungsanbieter gibt es wie Sand am Meer. Weit mehr als 400 000 Kurse, so die Stiftung Warentest, werden im Internet angeboten. Wer will da noch erkennen, was qualitativ gut ist, was für einen persönlich das Richtige ist und was die Weiterbildung letztendlich beruflich bringt?
Die Checkliste des Bundesinstituts für Berufsbildung ist eine gute Orientierungshilfe.

■ *Klären Sie Ihre persönlichen Voraussetzungen.*
Welche Stärken und Schwächen habe ich, welche beruflichen Erfolge und Misserfolge gab es? Welches Potenzial liegt brach?

- *Fragen Sie sich, was Sie wollen.*

Will ich beruflich aufsteigen? Will ich einen Abschluss nachholen? Will ich beruflich mithalten? Brauche ich eine Weiterbildung, um wieder ins Berufsleben einzusteigen? Will ich mich selbstständig machen?

- *Welche Angebote gibt es für Sie?*

Anhand Ihrer Ziele und beruflichen Vorgeschichte recherchieren Sie nun, welche Weiterbildung es zu welcher Zeit, für wie lange und zu welchem Preis gibt. Habe ich die nötige Vorbildung? Kann ich die finanzielle, berufliche und familiäre Belastung der Weiterbildung auf mich nehmen?

- *Was kostet die Weiterbildung?*

Fragen Sie, ob neben den Lehrgangskosten auch noch Geld für Material, Prüfungen, Bekleidung, Fahrten oder Übernachtungen einkalkuliert werden muss. Klären Sie mit dem Anbieter, wann Sie zahlen müssen und ob es Förderungen gibt.

- *Wie seriös ist die Weiterbildung?*

Lesen Sie die Vertragsbedingungen sorgfältig. Darin müssen konkrete Aussagen zu Kündigungs- und Rücktrittsrechten, Zahlungsbedingungen, Anzahl der Unterrichtsstunden, Kursteilnehmer, Dauer, Ziel und Inhalt der Kurse gemacht sein. Außerdem sollten Sie klären, wie die Kursräume aussehen, ob die Lehrkräfte hauptberuflich eingesetzt werden und ob diese für ihr Fach qualifiziert sind. Bitten Sie um einen Schnuppertag. Fragen Sie dort andere Kursbesucher nach ihren Erfahrungen.

- *Um welchen Typ beruflicher Weiterbildung handelt es sich?*

Ob Anpassungsfortbildung, Umschulung, berufsbezogenes Studium oder Weiterbildung – klären Sie beim Anbieter, beim Arbeitsamt oder beim Berufsverband, ob die Maßnahme auf eine offiziell anerkannte Prüfung vorbereitet, die in allen Bundesländern anerkannt wird.

- *Welche Inhalte werden wie vermittelt?*

Seriöse Anbieter machen klare Angaben zu Inhalt, Methoden und Praxisbezug der Maßnahme. Klären Sie, ob Sie mit Diskussionsrunden, Selbststudium, Vorträgen, Praktika oder Exkursionen ans beruflich gesteckte Ziel kommen.

- *Wer hilft beim Lernen?*

Wer jahrelang nicht mehr die Schulbank gedrückt hat, dem fällt das Lernen oft schwer. Daher sollten Sie klären, ob es Unterstützung bei der Vor- und Nachbereitung der Lerninhalte gibt. Die Dozenten sollten nach Kursschluss ansprechbar sein.

- *Welchen Abschluss haben Sie später in der Hand?*

Zertifikate helfen, den Marktwert zu steigern – allerdings nur wenn das Zeugnis aussagekräftig ist. In der Regel enden aufstiegsorientierte Maßnahmen mit einer Prüfung bei der zuständigen Stelle, berufsbezogene Studiengänge bei der jeweiligen (Fach)Hochschule. Sie berechtigen zum Tragen einer allgemein anerkannten Berufsbezeichnung. Bei einer Anpassungsfortbildung müssen die Inhalte der Maßnahmen aussagefähig bescheinigt werden. Die von Ihnen erbrachte Leistung soll deutlich erkennbar sein.

- *Ergibt die Maßnahme Sinn?*

Auch wenn der Anbieter Ihre berufliche Zukunft nach einer Weiterbildung in seinem Hause rosig beschreibt, sollten Sie klären, ob Sie das Erlernte in Ihrem Beruf, an Ihrem Arbeitsplatz auch tatsächlich verwenden können. Verbessert die Weiterbildung Ihre Chancen? Erschließt sie Ihnen neue Arbeitsbereiche? Können Sie dadurch mehr Geld verdienen?

E-Learning: Lernen on demand

Schulen, Universitäten und Weiterbildungsinstitute haben elektronische Konkurrenz bekommen: Computer Based Training (CBT) und Web Based Training (WBT). Mit entsprechender Hard- und Software kann jeder, der sich weiterbilden will, Buchhaltung von einer interaktiven CD-Rom lernen, Trainingsprogramme für Vertriebskräfte aus dem Internet herunterladen und an Online-Seminaren zum Thema umweltverträglicher Tourismus teilnehmen. Auch für die deutschen Unternehmen ist das Lernen aus dem Netz ein großes Thema. Schließlich gibt die deutsche Wirtschaft jährlich mehrere Milliarden Euro für die Qualifizierung ihrer Mitarbeiter aus. Immer neue Techniken und immer neue Organisationsformen erfordern kontinuierliche Weiterbildung. Neben technischen Finessen werden Zeitmanagement, Fremdsprachen, Qualitätssicherung, Prozessverbesserung, Umweltschutz, Arbeitssicherheit, Betriebswirtschaft, Führung und Verhalten gelernt.

Der Vorteil: E-Learning macht Wissen, Bildung und Training unabhängig von Zeit und Ort. Selbst allein erziehende Mütter oder Frauen, die in Schichten arbeiten, also nicht regelmäßig zur Volkshochschule gehen können, erhalten so Zugang zu Weiterbildung – und damit die Möglichkeit, ihre berufliche Situation zu verbessern.
Neben der räumlichen und zeitlichen Flexibilität bestimmt der Anwender beim E-Learning selbst, wie schnell und wie viel er lernen will. Wer langsamer lernt, muss nicht sofort in Konkurrenz mit anderen treten und kann sein eigenes Tempo bestimmen. Wenn jemand nach einem Seminar zum Thema Mitarbeiterführung noch einmal die Themen Zielvereinbarung und Feedback vertiefen möchte, kann er auf einer CD-Rom nachschauen.
Darüber hinaus kann E-Learning auch Themen attraktiv machen, die viele für trocken halten. Wer beispielsweise sein

großes Latinum nachholen möchte, muss nicht mehr die »Ars Latina« wälzen. Lernsoftware bietet Animationen von Cicero vor dem römischen Senat. Wie in einem Computerspiel kann der Anwender per Mausklick, Tastatur oder Mikrofon in die Handlung eingreifen. Zusätzlich kann er sich Vorlesungen über den Bau des Colosseums anhören oder eine Neuinszenierung von Cäsar und Kleopatra live im Internet verfolgen. Ums Büffeln allerdings kommt niemand herum: Onlinetests überprüfen Vokabel- und Grammatikkenntnisse. Für eine korrekte Aussprache sorgen Audiodateien.

Damit der Lernende sich nicht allein gelassen fühlt, wird in virtuellen Seminarräumen interpretiert, diskutiert und auch geplaudert. In Chatrooms und Desktop-Videokonferenzen sitzen die Schüler zur selben Zeit (synchron) und in Diskussionsforen und beim E-Mail-Austausch zeitversetzt (asynchron) am Rechner und kommunizieren. Die Teilnehmer eines virtuellen Lernnetzwerks können im Team arbeiten. Lernplattformen bieten *shared work spaces*, in denen die Mitglieder Dateien abholen, verändern und zurücklegen können. Theoretisch können fünf Architekturstudenten rund um die Uhr gemeinsam an einem Plan zeichnen. Manchmal arbeiten drei zusammen an einem Turm, manchmal arbeitet einer allein – während die anderen schlafen.

Selbstlernzentren: Pauken in Begleitung

Eine Sonderform des E-Learnings ist das Pauken in Selbstlernzentren. Dort stehen Computer mit Lernsoftware bereit, und Tutoren unterstützen den Lernwilligen. Das Kölner forumF kümmert sich in seinem Selbstlernzentrum insbesondere um Frauen aus der Dienstleistungsbranche. Hier können sie zum Beispiel den Europäischen Computerführerschein machen. forumF-Geschäftsführerin Dr. Marita

Alami kennt die Eigenheiten von lernenden Frauen. Sie weiß, wie bei Berufsrückkehrerinnen neues Wissen am besten in den Köpfen hängen bleibt.

»Frauen haben ein Recht zu lernen.« –

Interview mit forumF-Geschäftsführerin Dr. Marita Alami

■ *Lernen Frauen anders als Männer?*

Frauen lernen ziel- und zweckorientiert. Sie wollen wissen, wie sie den Computer dazu bringen, das zu tun, was sie von ihm wollen. Punkt. Welche Technik dahintersteckt, interessiert dagegen meist nicht die Bohne. Wenn Frauen in einem klassischen EDV-Unterricht sitzen, kann das an ihrem Lernbedarf komplett vorbeigehen. Viele haben dann nicht einmal Lust, sich etwas zu merken.

■ *Wie bleibt Wissen denn dann am besten in Frauen-Köpfen hängen?*

Indem es handlungsorientiert aufgearbeitet wird. In den von uns eingesetzten Lernprogrammen gibt es Selbsttests, Übungsaufgaben und Simulationen. Zum Beispiel: Ein Word-Dokument soll im Querformat ausgedruckt werden. Dann müssen die Lernenden den Drucker einschalten, die Seite dementsprechend einrichten und den Button »drucken« anklicken.

Der Erfolg gibt uns Recht: Im Schnitt brauchen unsere Teilnehmer 180 Übungsstunden. Dann haben sie alle sieben Module – von Word über Excel bis Outlook – gelernt. Den Europäischen Computerführerschein legen so auch Frauen über fünfzig ohne Vorkenntnisse ab. Und das macht sie fit für neue Aufgaben.

■ *Und was ist das Geheimnis?*
In Selbstlernzentren kann man üben bis zum Abwinken. Viele Frauen müssen Gelerntes mehrmals durchexerzieren, bis sie glauben, es wirklich zu beherrschen. Erst wenn sie das Schreiben eines Serienbriefes ausreichend geprobt haben, wagen sie sich auch im Büro an diese Aufgabe. Männer sind da anders: Die machen einen Crashkurs, haben zwar nur die Hälfte verstanden, halten aber ein Zertifikat in der Hand. Das reicht ihnen, um zu sagen: Ich kann das!

■ *Beim E-Learning hat man virtuellen Kontakt zu seinen Mitstudenten und Lehrern, beim Fernstudium ist man auf sich allein gestellt. Wie ist das in Selbstlernzentren?*
Manche lernen am besten in der Gruppe, andere lieber allein. Im Selbstlernzentrum kann man selbst entscheiden, ob, wann, wie und mit wem. Ein großer Vorteil ist sicherlich, dass im Selbstlernzentrum für offene Fragen immer eine Ansprechpartnerin präsent ist. Wenn es also an einer Stelle hapert, kann ich Probleme im Gegensatz zum E-Learning oder Fernstudium sofort klären und dann weiterarbeiten.

■ *Egal ob E-Learning, Fernstudium oder Selbstlernzentrum: Welche Voraussetzungen muss ich als Frau und Mutter mitbringen, um eine Weiterbildung überhaupt durchzustehen?*
Frauen müssen eine innere Haltung haben, die es ihnen erlaubt, etwas für sich selbst zu tun. Wer sich nicht von den Kindern löst und immer gleich springt, wenn die Kleinen rufen, wird eine derartige Herausforderung und Mehrbelastung nicht durchstehen. Bevor sie sich also in eine berufliche Weiterbildung stürzen, müssen Mütter den Schalter umgelegt haben: Ich habe ein Recht, Zeit für mich in Anspruch zu nehmen. Dann klappt das auch mit Motivation, Zielsetzung und Abschluss.

Fernstudium: Unterricht auf Distanz

Flexibel Lernen, unabhängig von Zeit und Ort. Lesen und ausprobieren, wann immer es Ihre Zeit zulässt oder wenn Ihnen danach ist – in dieser Hinsicht bieten Fernunterricht und E-Learning dieselben Vorteile. Der gravierende Unterschied: Beim Fernstudium lernen Sie allein, haben keinen Kontakt zu anderen Studenten oder Lehrern. Wenn Sie Fragen oder Lernschwierigkeiten haben, müssen Sie Ihre Anfrage erst einmal schriftlich formulieren oder das Lehrinstitut telefonisch kontaktieren. Das wird zum Problem für Leute, die sich nicht selbst motivieren können oder Schwierigkeiten haben, ihr Lernpensum zu organisieren.

So funktioniert's

Wenn Sie sich für ein Fernstudium entschieden haben, sollten Sie zunächst die Möglichkeiten recherchieren: Welche Institute bieten Ihr Fach an? Welcher Abschluss passt am besten zu Ihren beruflichen Plänen? Lassen Sie sich dann Informationsmaterial inklusive Lehrgangsbeschreibung und Probelektion von verschiedenen Anbietern schicken.
Wenn Sie sich für ein Fernlerninstitut entschieden haben, bekommen Sie einen Lehrvertrag. Damit sind Sie offizielle Teilnehmerin. In den nächsten Wochen kommt dann Post mit Ihrer ersten Unterrichtseinheit. Sollte diese nicht Ihren Erwartungen entsprechen, können Sie innerhalb von zwei Wochen den Vertrag widerrufen.
Wenn Sie aber weiterhin fest entschlossen sind, wird es Zeit zu lernen. Sie bearbeiten das zugeschickte Material, senden Aufgabenlösungen ein und nehmen, wenn es angeboten wird und zeitlich für Sie machbar ist, am begleitenden Unterricht (Präsenzphasen) teil. Prüfungen werden entweder durch Testbögen, Abschlussarbeiten, Klausuren oder mündliche Prüfungen vorgenommen.

Hier gibt's Infos

Die Stiftung Warentest hat Weiterbildungsangebote unter die Lupe genommen. Das Test-Ergebnis plus viele Informationen rund ums Thema Weiterbildung ist nachzulesen im Test Spezial Weiterbildung 4/04.

Zu beziehen über:

Stiftung Warentest Vertrieb
Postfach 81 06 60
70523 Stuttgart
T: 0 18 05 - 00 24 67

Das Kölner IT-Kompetenzzentrum forumF will insbesondere kleineren Unternehmen Weiterbildung per Lernsoftware nahe bringen. Mehr Informationen dazu:

forumF
Neusser Str. 225
50733 Köln
T: 02 21-1 39 75 50
F: 02 21-13 9 75 59
www.forumf.de

Die Bundesagentur für Arbeit informiert im Internet unter dem Angebot KURS über berufliche Aus- und Weiterbildungsangebote in ganz Deutschland. (www.arbeitsamt.de)

Die Industrie- und Handelskammern und die Handwerkskammern haben eine eigene virtuelle Weiterbildungsdatenbank.

Zu finden unter:

Deutscher Industrie- und Handelskammertag
Breite Straße 29
10178 Berlin
T: 0 30 - 20 30 80
F: 0 30 - 2 03 08 10 00
www.wis.ihk.de

Zentralverband des Deutschen Handwerks
Mohrenstraße 20/21
10117 Berlin
T: 0 30 - 20 61 90
www.zdh.de

Auch die Bildungswerke der Gewerkschaften bieten berufspezifische Fort- und Weiterbildungen an. Das Programm mit über hundert Seminaren gibt es als Heft mit dem Titel »Forum Politische Bildung«. Zu bestellen beim

Bildungswerk des Deutschen Gewerkschaftsbundes
Hans-Böckler-Straße 39
40476 Düsseldorf
T: 02 11 - 4 30 13 70
F: 02 11 - 4 30 15 00
www.dgb-bildungswerk.de

Das Internetportal www.frauenseminarfinder.de präsentiert viele Weiterbildungsangebote für Frauen. Die Palette reicht von beruflichen über private bis hin zu politischen Themen. Die Staatliche Zentralstelle für Fernunterricht (ZFU) listet alle Fernlerninstitute und Fernlehrgänge mit Kurzbeschreibungen auf.

Staatliche Zentralstelle für Fernunterricht
Peter-Welter-Platz 2
50676 Köln
T: 02 21 - 9 21 20 70
F: 02 21 - 92 12 07 20
www.zfu.de

Zur Recherche von Weiterbildungsangeboten eignet sich die Suchmaschine »Infoweb Weiterbildung«, die gleichzeitig verschiedene Datenbanken durchsucht. Die Suchmaschine bietet außerdem einen zentralen Zugang zu Informationen über Weiterbildungsberatungsstellen und Fördermöglichkeiten www.iwwb.de/metasuche

Das Bundesinstitut für Berufsbildung (BIBB) informiert über berufsbildende Fernlehrgänge. Dort gibt es im Internet auch den Qualitätscheck für Weiterbildungslehrgänge zum Herunterladen als pdf-Datei.

Bundesinstitut für Berufsbildung
Robert-Schuman-Platz 3
53175 Bonn
T: 02 28 - 10 70
F: 02 28 - 1 07 29 77
www.bibb.de

Mehr Informationen rund um das Thema E-Learning:

www.akademie.de
www.tele-ak.de
www.im-c.de
www.academy4me.com

Fachbuch: Christa van Winsen: E-Training: Weiterbildung aus dem Netz, Regensburg: Metropolitan Verlag, 2000

Auf regionalen Bildungsmessen erfahren Sie immer eine Menge über die ansässigen Bildungsträger und deren Angebot. Dort werden oft auch neue Berufsbilder vorgestellt. Neben den Informationsständen gibt es meist Vorträge und Workshops, die Arbeitssuchenden Hilfestellung bei Themen wie Coaching, Vermittlung oder Wiedereinsteig geben.

6. KAPITEL

Hilfe, wer nimmt mein Kind?

Mit Zeitmanagement gegen Betreuungsmangel

»Wir würden Sie gerne am nächsten Montag Ihren neuen Kollegen als Mitarbeiterin der Firma vorstellen!« Wochen, Monate lang haben Sie auf genau diesen Anruf hingearbeitet. Und doch packt Sie ausgerechnet jetzt die blanke Panik. Angst statt Freude – warum? Weil Sie nicht wissen, wer sich um die Kinder kümmert, wenn es mal später wird? Oder was Sie dem Chef sagen sollen, wenn der Kindergarten wegen einer Grippewelle mal wieder früher schließt? Oder wie Sie die kranken Sprösslinge neben der Arbeit betreuen sollen?

Wenn Sie noch nicht wissen, ob und wie Ihre Kinder versorgt werden können, brauchen Sie sich keinen neuen Job zu suchen. Es ist nämlich gar nicht so leicht, eine Betreuung zu organisieren, die Ihnen den Rücken frei hält. »Familien haben zwar ein Recht auf einen Kindergartenplatz. Aber der Anspruch gilt erst ab einem Alter von drei Jahren und dann für Regelbetreuungszeiten von acht bis 13 Uhr«, sagt Sabine Hager vom Verband berufstätiger Mütter. Das bedeutet: Wer auf der Suche nach einem Hortplatz für sein Schul- oder Kindergartenkind ist, guckt in Westdeutschland ziemlich in die Röhre. Dort kommen auf 100 Kinder nur 7,3 Plätze. In Ostdeutschland sind es immerhin 68,5. Wer als Mutter arbeiten gehen will, bevor die Kinder drei Jahre alt geworden sind, stößt auf ähnliche Grenzen: Im Durchschnitt kommen bundesweit auf 100 Kinder etwa 8,5 Krippenplätze.[7]

Und selbst wenn man einen der heiß begehrten Kindergartenplätze ergattert hat, sind die tatsächlichen Probleme von arbeitenden Müttern lange nicht gelöst. Die Angebote an Betreuungen reichen nämlich meist nicht aus. »Es sei denn, man will sich eine dreijährige Auszeit gönnen, hat dann keine Fahrtwege zur Arbeitsstelle und mindestens drei doppelte Böden für den Fall von Überstunden und Krankheit«, so Hager.

Das Recht auf einen Kindergartenplatz

Das Sozialgesetzbuch sichert Familien einen Rechtsanspruch auf einen Kindergartenplatz für Kinder ab dem dritten Lebensjahr zu.

Zuständig für die Umsetzung dieses Bundes-Rahmensrechts sind die Kommunen. Städte und Bezirke haben dafür zu sorgen, dass für Kinder ein bedarfsgerechtes Betreuungsangebot zur Verfügung steht und die Jugendämter sind gehalten, Plätze wohnortnah anzubieten.

Wenn Ihnen das Jugendamt einen unpassenden Platz anbietet, können Sie Ihren Anspruch mit folgenden Argumenten geltend machen:

- Sie können das Kind nicht rund um die Uhr selbst betreuen, da entsprechende Arbeits- oder Ausbildungsverträge für die Eltern bestehen.

- Eine andere Betreuungsform außer dem Kindergarten ist nicht finanzierbar oder pädagogisch nicht gewünscht.
- Das Kind soll einen wohnortnahen Kindergarten besuchen.
- Aus organisatorischen Gründen, etwa weil Sie kein Auto haben oder ein weiteres Kind einen Kindergarten in der entgegengesetzten Richtung besucht, ist die Unterbringung in dem vom Jugendamt vorgeschlagenen Kindergarten unzumutbar.
- Sie benötigen eine bestimmte Betreuungsform, die der vom Jugendamt vorgeschlagene Kindergarten nicht anbietet, wie etwa einen Ganztagesplatz wegen Vollzeitbeschäftigung beider Elternteile.[8]

Mütter, die schon vor dem dritten Geburtstag ihres Kindes wieder arbeiten wollen, haben ein zusätzliches Problem: Sie haben keinen Rechtsanspruch auf eine Betreuung, können also auch beim Jugendamt keine Forderungen stellen. Kinderkrippen, die bereits Babys betreuen, sind selten: Nur für etwa fünf Prozent der Null- bis Dreijährigen gibt es bundesweit einen Platz. Und wenn Sie dann eine Stätte gefunden haben, sieht ihre Realität etwa so aus: Die Krippe für den einjährigen Sprössling macht erst um neun Uhr auf. Um vier ist schon wieder Feierabend. Und in den Sommer-, Weihnachts- und Osterferien wird der Laden gleich für mehrere Wochen dichtgemacht. Nicht zu vergessen die Herbstgrippen, Masern-Ausbrüche, Läuse-Attacken ... es gibt immer wieder Tage, an denen das Kind zu Hause bleiben muss. Und irgendjemand muss das Mäuschen dann pflegen.

Frei fürs kranke Kind

Ist Ihr Kind vom Kinderarzt krankgeschrieben, haben Sie als berufstätige Mutter die Möglichkeit, bezahlten Urlaub zu nehmen. Grundsätzlich besteht dann nämlich ein gesetzlicher Anspruch auf bezahlte Arbeitsfreistellung, um ein erkranktes Kind zu betreuen. Bis zu einem Alter von acht Jahren sind dies in der Regel fünf Tage im Jahr. Regeln haben allerdings Ausnahmen, und das sind in diesem Falle die einzelnen Tarif- und Arbeitsverträge. Ihr Betriebsrat kennt die Einzelheiten. Erkundigen Sie sich am besten schon rechtzeitig dort.

Oma hilft

Es bedarf schon mächtiger Anstrengungen, Beruf und Kind unter einen Hut zu bringen. Vielen Eltern bleibt dann nichts anderes übrig, als Oma und Opa um Mithilfe zu bitten. Über 30 Prozent der Alleinerziehenden, so eine Umfrage des Deutschen Jugendinstituts, verlassen sich auf die Großeltern – allein schon aus Kostengründen. Und es gibt noch mehr Vorteile: Betreuungszeiten lassen sich flexibel abstimmen, Verspätungen und Überstunden werden nicht zum Drama. Außerdem weiß man das Kind in liebenden Händen.
Die Betreuung durch Oma und Opa ist allerdings nicht jedermanns Sache. Denn im Vergleich zum Kindergarten oder Hort beschränkt sich hier der Kontakt zu Gleichaltrigen auf die Spielplatzbesuche. Sozialverhalten wird so hierarchisch gelernt, und nicht auf gleicher Höhe.

Außerdem gibt es schnell Streit mit Großeltern über Regeln und Erziehung: Wie viel Süßigkeiten sind erlaubt? Wie viel Fernsehen? Wie benimmt man sich beim Essen? Sollen Jungen und Mädchen gleich erzogen werden? Meinungsverschiedenheiten schwellen schnell an zum Eklat, und so mancher Konflikt aus der Kindheit wird wieder ausgepackt.

Mütter, die jedoch gerade die positiven Eigenschaften einer älteren Person wertschätzen, können sich auch eine Oma leihen. »Rent a Granny« bedeutet: Vitale Omas und Opas betreuen stundenweise ihre Wunschenkel. Und das manchmal sogar unentgeltlich. Statt mit Cent und Euro wird die Leistung mit einer Gegenhilfe entlohnt: Etwa Oma Annemie passt auf Lieschen auf; dafür geht Lieschens Mama für Annemie einkaufen.

Es gibt bundesweit Projekte oder ähnlich betitelte Ideen, die Familien oder Mütter und Großeltern zusammenführen. Manchmal sind die Omas und Opas nur für Alleinerziehende da, so wie der Großelterndienst des Frauenbundes Berlin. Dort kommen sie ein- bis zweimal pro Woche für zwei bis sechs Stunden zu »ihren« Enkeln. Wer nicht in der Lage ist, die 4,50 Euro pro Stunde zu bezahlen, kann mit den Großeltern auch über das Aussetzen des Honorars verhandeln. Mancherorts gibt es kommerzielle Vermittlung von Großeltern, die außerhalb der Kindergartenzeiten kleine Leute hüten. Eins ist jedoch sicher: Wer einmal die richtigen Ersatz-Großeltern gefunden hat, hat eine Betreuung in familiärer Atmosphäre.

Tagesmutter

Wer Problemen mit den Großeltern von vornherein aus dem Weg gehen will oder Oma und Opa nicht in der Nähe hat, muss sich Alternativen überlegen. »Wenn aufgrund fehlender Betreuung keine Berufstätigkeit möglich ist, können Mütter beim Jugendamt einen Platz bei einer Tagesmutter beantragen«, rät Sabine Hager. Die vom Jugendamt geführten Tagesmütter werden von den Kommunen mitfinanziert. Um einen Zuschuss für die Betreuung des Kindes bei einer Tagesmutter zu bekommen, müssen Sie beim Jugendamt Ihre Lebens- und Finanzsituation schildern und einen Antrag auf Förderung stellen.

Die Bewilligung für eine Tagespflege ist an sich kein Problem. Doch mit dem Schein in der Hand haben Sie noch lange keinen geförderten Platz. Die Förderung von Tagesmüttern und -vätern (auch die gibt es, aber weil äußerst selten, reden wir hier von Tagesmüttern) richtet sich nicht nach dem Bedarf, sondern nach den Kassen der Kommunen. Und die sind chronisch leer.

Doch nicht verzagen! Mittlerweile hat sich ein ziemlich großer privater Markt an Tagesmüttern etabliert. Die Tarife sind äußerst unterschiedlich. Zum Teil richten sich die Anbieter nach den pauschalen Sätzen für Teilzeit- oder Vollzeitpflegestellen der Jugendämter. Andere haben Preise, die auf Stundenbasis abgerechnet werden und bis zu 15 Euro kosten können. Man muss sich daher schon Zeit nehmen, um den Markt zu sondieren und eine passende Tagesmutter zu annehmbaren Preisen zu finden.

☞ *Tipp:*

Kümmern Sie sich lange vor Arbeitsantritt um eine geeignete Tagesmutter. So können Sie sich Zeit für die Auswahl lassen und müssen die Eingewöhnung nicht übers Knie brechen.

Was tun Tagesmütter?

Tagesmütter betreuen und versorgen die Pflegekinder in ihrer eigenen Wohnung. Es dürfen bis zu drei Kinder neben den eigenen aufgenommen werden. Die Betreuungszeiten richten sich nach den Ansprüchen der Eltern – ein großer Vorteil gegenüber Krippen. Bestimmte Rahmenbedingungen, wie beispielsweise Abhol- und Bringzeiten, Betreuungsgeld, Urlaubszeiten, Betreuung im Krankheitsfall werden in einem Betreuungsvertrag festgehalten.[9] Wichtig ist, dass die Tagesmutter eine erweiterte Haftpflichtversicherung für die Tagesbetreuung fremder Kinder hat und regelmäßig spezielle Erste-Hilfe-Kurse belegt.

Ob man sein Kind einer fremden Person anvertrauen möchte – und das ist eine Tagesmutter zunächst –, muss jeder für sich entscheiden. Manche Eltern haben kein rechtes Vertrauen zu Tagesmüttern, die nicht richtig pädagogisch ausgebildet sind, denn viele von ihnen betrachten die Betreuung fremder Kinder als Nebeneinkunft während ihrer eigenen Babypause.

Wenn Sie das nicht von vornherein abschreckt, sollten Sie mehrere Tagesmütter besuchen und bereits vorhandene Betreuungskinder beobachten: Wie reagieren die Kinder auf die Tagesmutter? Wie gehen sie miteinander um: Begrüßen Sie sich kühl oder mit herzlicher Umarmung? Bietet die Ta-

gesmutter Schutz, wenn ein Kind sich wehtut? Wird mit den Kindern gekuschelt, wenn sie müde sind?
Machen Sie sich auch ein Bild von den Lebensumständen und der Wohnung der Tagesmutter. Nimmt der Partner an der Betreuung teil? Gibt es eine Möglichkeit, nach draußen zu gehen? Gibt es altersgerechtes Spielzeug? Wie reagiert das eigene Kind auf die fremde Person? Hören Sie auf Ihr Bauchgefühl! Wenn Ihnen die Tagesmutter vom ersten Moment an sympathisch ist, die äußeren Gegebenheiten mit Ihren Ansprüchen übereinstimmen und Ihr Kind sich wohl zu fühlen scheint, sollten Sie der Sache eine Chance geben.

Bessere Betreuung geplant

Die Kinderbetreuung soll deutschlandweit besser ausgebaut werden. Das »Tagesbetreuungsausbaugesetz« verpflichtet die Kommunen, bis 2010 ein ausreichendes Betreuungsangebot für Kinder unter drei Jahren nach dem örtlichen Bedarf zu schaffen. Erwerbsfähige Eltern, die Arbeitslosengeld II beziehen, erhalten dann einen Anspruch auf einen Betreuungsplatz für ihr Kind, wenn sie eine Arbeit aufnehmen.

Kinderfrau

Wer sich das ständige Hin und Her mit den Kindern sparen möchte, kann über eine Kinderfrau nachdenken. Die kommt zu Ihnen nach Hause und übt – im Gegensatz zur Tagesmutter – keine selbstständige Tätigkeit aus. Sie wird von Ihnen angestellt, sodass Sie sich dann um Steuern, Unfallversicherung und Sozialversicherung kümmern müssen. Die Bezahlung kann entweder als geringfügige Beschäftigung (Mini-Job) bis 400 Euro pro Monat bei 15 Wochenarbeitsstunden erfolgen. Oder Ihre Kinderfrau arbeitet auf Lohnsteuerkarte und ist sozial umfassend abgesichert (Rentenversicherung, Arbeitslosenversicherung etc.). Ausnahme: Die Kinderfrau arbeitet sehr unregelmäßig auf Honorarbasis, etwa wie ein Babysitter. Dann ist sie selbstständig. Das müssen Sie aber vertraglich festlegen.

Au-pair

Wenn Sie glauben, ein Au-pair sei nicht mehr als eine billige Arbeitskraft, irren Sie! Au-pairs sind in einem Land zu Gast, um Land, Kultur und Sprache kennen zu lernen. Die Gasteltern sind Gastgeber. Dafür erklärt sich der junge Mensch zwischen 18 und 25 Jahren bereit, wie ein Familienmitglied bei der Kinderbetreuung und im Haushalt zu helfen. Und zwar bis zu 30 Stunden in der Woche.
Neben Unterkunft und Verpflegung bekommt das Au-pair ein Taschengeld von 50 Euro in der Woche. Zusammen mit den Vermittlungsgebühren von 300 bis 500 Euro, die Sie als Eltern einer Au-pair-Agentur zahlen, tragen Sie die Kosten für die erforderlichen Aufenthaltspapiere (30 Euro/Jahr), die Versicherungen (360 Euro/Jahr) und einen Zuschuss für Hin- und Rückreise des Au-pairs. Summa summarum beläuft sich die monatliche Belastung auf etwa 300 bis 400 Euro – plus Unterkunft und Verpflegung.
Abgesehen von den Kosten sollten Sie sich gut überlegen, ob Sie einen Teenager als ständigen Gast in Ihren eigenen vier Wänden haben wollen. Theoretisch könnte man

auch ein externes Zimmer für das Au-pair anmieten, was allerdings die wenigsten aus Kostengründen tun. Ein Au-pair ist ein zweites (drittes, viertes) Kind im Haus, mit eigenen Macken und wechselnden Launen. Erinnern Sie sich, wie Sie selbst in dem Alter waren: Aufräumen war überflüssig, Abwaschen leidiges Streitthema und Musik musste ordentlich laut gehört werden. Denken Sie also daran, dass das Gastkind auch noch ein bisschen erzogen werden muss.
Trotzdem kann ein Au-pair eine große Bereicherung sein: Neben dem internationalen Einfluss, den der Junge oder das Mädchen auf Ihre Kinder hat, können Sie als berufstätige Mutter die Betreuungszeiten flexibel gestalten. Außerdem geht Ihnen jemand bei alltäglichen Arbeiten wie Einkaufen oder Wäsche aufhängen zur Hand. Ihr Kind hat ein großes Geschwister auf Zeit und die Chance, eine fremde Sprache kennen zu lernen. Wenn alles gut geht, werden daraus Freundschaften fürs Leben.

Elterninitiativen

Für manche Eltern hat der städtische Kindergarten zu große Gruppen. Andere wünschen sich längere Öffnungszeiten. Wieder andere suchen eine geeignete Betreuung für Säuglinge. Für solche Fälle kann es sinnvoll sein, Gleichgesinnte zu suchen und über die Gründung eines eigenen Kindergartens oder einer Krippe nachzudenken.
Für ein solches Unterfangen brauchen Sie zunächst ein gutes, pädagogisch durchdachtes Konzept. Damit gehen Sie zum Jugendamt beziehungsweise zur Stadtverwaltung. Dort wird als Erstes der Bedarf festgestellt und geklärt, ob das Projekt langfristig für die Kommune finanzierbar ist. Dafür

brauchen Eltern vor allem Geduld, denn die Mühlen der Behörden mahlen langsam.
Anschließend gründen die Initiatoren beim Notar einen Verein. Danach werden Sponsoren gesucht. Das müssen nicht nur Eltern sein. Beispielsweise könnte man einen Teil der Plätze für die Mitarbeiter einer Firma reservieren, die im Gegenzug den Verein fördert. Auch für Renovierung, Raumgestaltung oder Kücheninstallation sollten Sie Sponsoren suchen. Vielleicht können Sie eine solche Aktion publik machen: Wenn die Wochenendausgabe der Tageszeitung darüber berichtet, dass eine Firma beim Aufbau einer Kita geholfen hat, wäre das eine schöne Werbung. Last but not least brauchen Sie natürlich noch qualifizierte Erzieherinnen und passende Räume.
Wie teuer eine selbst gegründete Betreuung pro Kind für die Eltern ist, hängt davon ab, wie viel die öffentliche Hand und die Sponsoren beitragen. Neben dem Finanziellen müssen Mitglieder von Eltern-Initiativen zusätzlich Zeit investieren und beim Kochen und bei anfallenden Reparaturen helfen. Auch in der Verwaltung und bei der Betreuung werden immer mal wieder zusätzliche Helfer gebraucht.

Mütterzentren

»Wenn uns keiner hilft, helfen wir uns selbst.« So lautete die Gründungsidee der ersten Mütterzentren Anfang der achtziger Jahre. Mütterzentren sind Elterninitiativen der besonderen Art. »Dort, wo sich traditionelle Familienverbände auflösen, sollen Mütterzentren Netzwerke von Müttern für Mütter sein«, beschreibt Susanne Meyer, eine der Gründerfrauen, die Absicht. Das Credo lautet: Jede Frau kann etwas, und das bringt sie mit in das Mütterzentrum ein. Die

Kochfrau muss also keine Köchin sein und die Kinderbetreuungsfrau keine Erzieherin. Aber egal, welche Aufgabe eine Frau übernimmt: Sie wird für den Job, den sie macht, nach Möglichkeit entlohnt.
Mütterzentren bieten Kontakt-, Kommunikations-, Beratungs- und Bildungsmöglichkeiten für Frauen mit kleinen Kindern. Um die Angebote wahrzunehmen, müssen die Mütter ihre Sprösslinge nicht wegorganisieren. Die Kinder werden zu den verschiedenen Aktivitäten mitgenommen oder in den Mütterzentren betreut.
Die Kinderbetreuung findet in offenen und geschlossenen Gruppen statt. Auch Kinder unter drei Jahren werden aufgenommen. Die offenen Gruppen werden als Ergänzung zu den institutionellen Betreuungsformen gesehen, weil sie flexible, stundenweise und unregelmäßige Betreuung anbieten. »So haben Mütter die Möglichkeit, zum Beispiel das Sportangebot auszuprobieren. Gleichzeitig wissen sie ihre Mäuse für die nächsten zwei Stunden gut untergebracht«, sagt Meyer.
Daneben gibt es Still- und Krabbelgruppen, Mittags- und Hausaufgabenbetreuung für Schulkinder und Ferienangebote für Schüler. Die Betreuung übernehmen neben professionellen Erzieherinnen auch Mütter. »Wir gehen davon aus, dass jede Mutter eine Erziehungskompetenz hat«, begründet Meyer das Prinzip. Auch für die Betreuung erhalten die Mütter ein Honorar.
Mittlerweile gibt es im Bundesgebiet etwa 300 solcher Einrichtungen – ein riesiges Netzwerk an Serviceleistungen von Müttern für Mütter. Dabei richten sich die Öffnungszeiten nach dem tatsächlichen Bedarf der Eltern. Mütterzentren haben sich nämlich auf die Fahnen geschrieben, auf die Lebensbedingungen der Mütter und Väter Rücksicht zu nehmen. Gleichzeitig entsteht durch das Angebot eine Vielzahl von Arbeitsplätzen, so zum Beispiel im ältesten Mütterzentrum in Salzgitter: Dort arbeiten im Café und im Wäscheservice,

beim Friseur und beim Kindersport etwa 80 Leute rund um Mütter und Kinder.
Die Gründung eines Mütterzentrums erfordert – wie jede Eigeninitiative – viel Engagement und Geduld mit Behörden. Neben der Konzeption des Projekts muss sich ein Verein konstituieren und ins Vereinsregister eintragen lassen. Die Mitglieder kümmern sich ums Finanzielle: Miete, Heizung, Renovierung, Einrichtung, Wartung und Honorare müssen gesichert sein. Und so weiter und so fort. Der Bundesverband der Mütterzentren hilft als übergeordnete Stelle bei der Neugründung und lässt seine Verbindungen spielen, wo immer er kann.

»Mütter müssen ihre Kinder loslassen können.«

Interview mit Kindergartenleiterin Yvonne Becker

Sie haben entschieden, wie Ihr Kind betreut werden soll. Sie haben alles organisiert und sich damit abgefunden, dass Sie in Zukunft nicht mehr rund um die Uhr mit Ihren Kleinen zusammen sein werden. Jetzt ist Ihr Kind an der Reihe: Es muss sich an die neue Situation noch gewöhnen. »Denn erst wenn das Kind die veränderte Lebenssituation gut meistert, kann eine Mutter auch ruhig arbeiten gehen«, sagt Kindergartenleiterin Yvonne Becker.

■ *Ein neuer Job, ein Kindergartenplatz – alles in bester Ordnung, oder?*

Kind abgeben und gehen: So einfach ist das nicht! Kinder brauchen Zeit, um sich an die neue Umgebung, an die fremden Personen, an die vielen Kinder in der Gruppe und an die Trennung von den Eltern zu gewöhnen.

■ *Wie lange dauert es denn, bis Mütter ihre Kinder in der Obhut einer anderen Person lassen können?*

Das ist von Kind zu Kind verschieden. Manche habe kein Problem, sich von den Eltern zu verabschieden. Vielleicht auch, weil sie bereits bei einer Tagesmutter waren oder regelmäßig von der Oma betreut wurden. Diese Kinder wissen schon, dass Mami nur vorübergehend weg ist und sie dann wieder kommt und sie abholt. Andere Kinder werden schon in ihren Grundfesten erschüttert, sobald die Mutter nur den Raum verlässt.

Sicherlich wird die Trennung einfacher mit der Grundregel: Je jünger die Kinder, desto kleiner und überschaubarer sollte die Gruppe sein. Dann kann man davon ausgehen, dass die Eingewöhnung etwa zwei bis drei Wochen in Anspruch nimmt.

■ *Wie funktioniert die Eingewöhnungsphase?*

An den ersten Tagen stoßen die Kinder meist nach dem Frühstück zur Gruppe und bleiben, bis die anderen Kinder Mittag essen. Die Eltern sollten zu Beginn diese Stunden gemeinsam mit den Kindern verbringen. Dann können sie zusammen die Umgebung erkunden, spielen oder ein Buch lesen.

Sie können sich aber auch durchaus im Hintergrund halten, wenn das Kind es erlaubt. Pflicht wird der Rückzug nach ein bis zwei Tagen, damit Erzieher und Kinder die Chance bekommen, Kontakt zueinander aufzunehmen.

Nach und nach werden die Kinder an die neue Situation gewöhnt. Dann kann man die Zeiten langsam ausdehnen: Am dritten Tag kommt das Kind bereits zum Frühstück. Am vierten bleibt es zum Mittagessen. Je nachdem, wie wohl sich ein Kind fühlt, können Mutter oder Vater auch immer länger abwesend sein. Wichtig dabei ist, dass die Eltern notfalls von den Erziehern gerufen werden können.

Die Eingewöhnungszeit sollte nicht länger als drei Wochen dauern. Bis dahin kennen die Kleinen die Umgebung, die Menschen und die Rituale gut genug, um sich sicher zu fühlen. Verpassen die Eltern den Zeitpunkt, an dem das Kind gut allein zurechtkommt, glauben die Sprösslinge, dass Mama und Papa nun immer dabeibleiben.

■ *Haben die Eltern eigentlich einen Spielraum, die Eingewöhnungszeit mitzugestalten?*

Natürlich! Trotzdem geht es nicht in erster Linie um den Gestaltungsspielraum der Eltern, sondern um das Wohlbefinden der Kinder. In der Regel gibt es deshalb vor dem ersten Kindergarten-Tag ein Elterngespräch. Dort sollen die Eltern etwas über den Charakter ihres Kindes erzählen: Wie geht das Kind mit Trennungsängsten um? Wie lässt es sich trösten? Ist es kontaktfreudig, anschmiegsam, zurückgezogen? Mit diesen Informationen können die Erzieherinnen individueller auf das Kind eingehen. Die Gespräche sollten auch während der Eingewöhnung weitergeführt werden. So können Eltern und Erzieher den Umgang mit möglicherweise auftauchenden Problemen absprechen.

■ *Was erleichtert den Kindern das Einleben?*

Vor allem: ein Rhythmus! Kinder fühlen sich sicher, sobald sie wissen: »Wenn ich im Kindergarten ankomme, wird gefrühstückt.« Das ist günstiger, als die Kleinen mal vor, mal nach dem Frühstück zu bringen oder mal nach dem Mittagessen und mal nach dem Schlafen abzuholen. Wer die Kinder unregelmäßig holen muss, sollte wenigstens feste Absprachen treffen und auch einhalten: »Heute hole ich dich nach dem Mittagessen ab.« Anders herum ist es für Kinder beängstigend, wenn sie nicht »planen« können, was der Tag bringt. Das mögen übrigens auch viele Erwachsene nicht.
Zusätzlich helfen so genannte Übergangsobjekte dabei, den Trennungsschmerz zu überwinden: Kinder können ihre

Kuscheldecke oder Lieblingsspielzeug von zu Hause mitbringen. Andere brauchen ein ganz bestimmtes Schmusetier, wenn es ihnen schlecht geht und Mama nicht da ist.
Hilfreich ist auch, ein Abschiedsritual für Eltern und Kinder zu entwickeln. Vielleicht lesen sie noch gemeinsam ein Buch, bevor der Kindergartentag beginnt. Oder Mama und Papa werden zum Abschied mit einem Schubs aus der Tür geschmissen. Das Ritual zeigt: »Jetzt ist es Zeit; Mama (oder Papa) muss gehen. Mein Kindergartentag fängt an.«
Im Vorfeld können Eltern mit der Einrichtung Schnupperbesuche verabreden, um so schon einmal die Umgebung zu erkunden. Wichtig dabei ist, dass Kinder positive Erfahrungen sammeln. Stellen Sie das Kind also nicht ab und überlassen es sich selbst! Erleben Sie gemeinsam den Kindergarten mit seinen vielen Büchern, den tollen Spielzimmern und den lustigen Spielkameraden.

■ *Und dann fällt die Tür langsam ins Schloss, und Mutter hört ihren Sprössling herzzerreißend schluchzen. Was tun?*

Auf keinen Fall zurückkommen oder den Abschied lange hinauszögern! Stattdessen ganz klar sagen: »Ich komme wieder. Bis nachher.« Und dann nichts wie weg – auch wenn es noch so schwer fällt! Manche Kinder müssen einfach ein paar Tränen weinen, um den Trennungsschmerz zu verarbeiten. Die sind schnell getrocknet, sobald es Ablenkung gibt. Schlimm wird es für beide Seiten, wenn das Weinen als Druckmittel von den Kleinen eingesetzt wird. Nach dem Motto: »Komm zurück, verlass mich nicht, mir geht es furchtbar schlecht und *du* bist schuld.« Wer als Eltern darauf reagiert, macht es seinem Kind nur unnötig schwer, einen neuen Lebensabschnitt kennen zu lernen.
Sollten Eltern trotzdem unruhig sein, können sie im Laufe des Vormittags auch in der Einrichtung anrufen und sich

nach dem Sprössling erkundigen. Doch glauben Sie mir: Wenn die Erzieher das Gefühl haben, »Hier geht nichts mehr!«, dann rufen sie sowieso bei den Eltern an.

- *Manche Kinder, die zuvor keine Trennungsängste hatten, weinen, wenn sie nach dem Urlaub oder Krankheitstagen wieder in den Kindergarten gehen. Muss man die Kleinen dann wieder neu eingewöhnen?*

Nein, das auf keinen Fall. Aber Eltern sollten sich vielleicht ein bisschen mehr Zeit für das Abgeben in der Einrichtung nehmen. Dann können sie noch gemeinsam das Lieblingsspielzeug suchen oder zusammen den Spielkamerad begrüßen.

- *Wenn die Kinder dann glücklich im Kindergarten spielen, bleiben Mütter mit schlechtem Gewissen zurück.*

Dafür gibt es keinen Grund! Mütter tun ihren Kindern einen Gefallen: Sie geben ihnen die Chance, sich selbst zu entwickeln und ein soziales Rollenverhalten zu erlernen. Natürlich müssen Eltern ihre Kinder dafür loslassen. Das ist nicht einfach. Aber ich rate ihnen, den Erzieherinnen einen Vertrauensvorschuss zu geben, statt sie als potenzielle Konkurrentinnen zu betrachten: Wir meinen es gut mit Ihren Kleinen. Und wir wollen glückliche Kinder – das macht unseren Berufsalltag nämlich deutlich einfacher. Also werden wir alles daransetzen, die Zeit im Kindergarten für jeden schön, liebevoll und ereignisreich zu gestalten.

Übrigens ...

... ergibt sich aus dem Kindergartengesetz eine Mitwirkungsmöglichkeit der Eltern hinsichtlich der Öffnungszeiten. Diese müssen bedarfsgerecht sein. Wenn Sie also längere Betreuungszeiten brauchen, können Sie darauf drängen. Außerdem sollten Sie eine Ferienregelung fordern: Kinder berufstätiger Eltern sollten an Schließungstagen oder in den Ferien die Möglichkeit haben, die Einrichtungen eines benachbarten Kindergartens oder einer Ferien- oder Sammelgruppe zu besuchen.

➽ *Hier gibt's Infos*

»Das Dschungelbuch« ist ein Muss für alle berufstätigen Mütter. Neben ausführlichen Tipps zur Kinderbetreuung bietet der Leitfaden außerdem Infos rund um Steuern, Altersversorgung und Co.. »Das Dschungelbuch« gibt es für eine Schutzgebühr von 5 Euro plus Versandkosten über:

Verband berufstätiger Mütter e.V.
Postfach 290426
50525 Köln
T/F: 02 21 – 32 65 79
www.berufstaetige-muetter.de

Infos rund um die Tagesmutter gibt es beim

Tagesmütter Bundesverband für Kinderbetreuung
in Tagespflege e.V.
Moerserstr. 25
47798 Krefeld
T: 0 21 51 – 1 54 15 90
F: 0 21 51 – 1 54 15 91
www.tagesmuetter-bundesverband.de

Eine bundesweite Suchmaschine für Tagesmütter ist die Internet-Seite www.bambino.de. Dort geben Sie Ihre Postleitzahl ein, außerdem Betreuungszeit, Kindergruppengröße und Alter, dann sucht die Seite nach passenden Betreuungsangeboten.

Wenn Sie eine Verbindung zur Kirche haben, lohnt es sich auch, beim Pfarrer der Gemeinde nach einer Tagesmutter zu fragen. Die wissen oftmals, wer in der Gemeinde ein Kind tagsüber aufnehmen möchte.

Ersatz-Omas und Opas findet man am besten durch Hören-Sagen, Aushänge oder Flyer beim Kinderarzt oder beim Ökoladen um die Ecke. Auch im Kleinanzeigenteil der Tages- oder Stadtzeitung kann man fündig werden. Anlaufstelle für weitere Informationen:

Großelterndienst Berlin
Warschauer Straße 58
10234 Berlin
T: 0 30 – 2 92 03 22
F: 0 30 – 2 92 03 22
www.grosselterndienst.de

Seniorenbüro Bad Ems
Projekt OMY (Old Meets Young)
T: 0 26 03 – 91 23 36

Leihoma-Projekt des SOS-Mütterzentrums Zwickau
Kolpingstraße 22
08058 Zwickau
T: 03 75 – 39 02 50
www.leihoma-zwickau.de

Au-pair-Agenturen brauchen keine besondere Zulassung. Ein normaler Gewerbeschein genügt. Deshalb sollten Sie auf jeden Fall ein Gespräch mit der Agentur führen und sich nicht alleine auf Unterlagen oder den Auftritt im Internet verlassen. Au-pairs suchen sich Eltern am besten über eine vom Arbeitsamt zugelassene, seriöse Vermittlungsagentur. Die Landesarbeitsämer führen Listen, ebenso der Bundesverband der Au-pair-Vermittler, Gastfamilien und Au-pairs (T: 0 67 33 – 94 95 76, www.au-pair-society.de).
Dort finden Sie auch jede Menge Infos für Gastfamilien.

Hilfe bei der Gründung von Elterninitiativen bietet die Bundesarbeitsgemeinschaft Elterninitiativen

Einsteinstraße 111
81675 München
T: 0 89 – 4 70 65 03
F: 0 89 – 41 90 28 38
www.bage.de.

Sie unterstützt bundesweit Elterninitiativen bei der Erarbeitung pädagogischer Konzepte, berät bei Behördengängen und vielem mehr.

Rechtliche und praktische Fragen und Hintergründe verschiedener Betreuungsmöglichkeiten vom Arbeits- bis zum Steuerrecht klärt der Ratgeber »Tagesmütter, Haushaltshilfen, Aupairs« von Daniela Bergdolt, Katharina Högel und Ira Dumpe, München: DTV-Beck Verlag 2004.

Adressen von Mütterzentren in der Region und Mithilfe bei der Gründung eines Mütterzentrums bekommen Sie beim

Mütterzentrum Bundesverband
Müggenkampstraße 30 a
20257 Hamburg
T: 0 40 – 40 17 06 06
F: 0 40 – 4 90 38 26
www.muetterzentren-bv.de

Zum Nachlesen: Monika Jaeckel, Hildegard Schooß, Hannelore Weskamp (Hrsg.): »Mütter im Zentrum – Mütterzentrum. Bilanz einer Selbsthilfebewegung«, München 1997

Sabine Hebenstreit-Müller, Rudolf Pettinger (Hrsg.): »Miteinander lernen, leben, engagieren – Neue soziale Netze für Familien«, Bielefeld 1991

Bundesministerium für Familie, Senioren, Frauen und Jugend (Hrsg.): »Kinder in Tageseinrichtungen und Tagespflege«. Zu bestellen über:

Bundesministerium für Familie, Senioren,
Frauen und Jugend Broschürendienst
Postfach
53107 Berlin
TZ.: 01 80 – 5 32 93 29
www.bmfsfj.de

7. Kapitel

Ist ER reif für den Wiedereinstieg?

Der Mann – die Problemzone berufstätiger Mütter

Als wäre das Leben als Mutter im Job nicht schon anstrengend genug: Sie bringen die Kinder zur Schule und in den Kindergarten, helfen den Großen bei den Hausarbeiten, spielen das Taxi für den Nachwuchs, sorgen dafür, dass die Kids regelmäßig zum Zahnarzt gehen, trösten den Mini bei Spielplatz-Blessuren, loben bei Erfolgen. Sie kochen, gehen einkaufen, putzen, waschen. Ganz nebenbei haben Sie noch Ihren Beruf. Doch sobald der Herr der Schöpfung auch mal um seine Mithilfe gebeten wird und den Staubsauger rausholen soll, gibt es Streit.
(An alle Alleinerziehende: Lesen Sie ruhig weiter! Es ist in Ihrer eh schon erschwerten Situation doch schön zu sehen, dass es sogar Vorteile haben kann, ohne Mann zu sein.)

Nichts als gute Vorsätze

All die schönen Reden von Arbeitsteilung und davon, dass Ihr Mann Ihnen natürlich unter die Arme greift, wenn Sie wieder in Lohn und Brot sind – alles heiße Luft! Neun von zehn Männern haben zwar gute Vorsätze und meinen, dass Hausarbeit zu gleichen Teilen von beiden Partnern erledigt werden soll, so eine Umfrage.[10]
Doch in der Realität sieht das Ganze anders aus: 62 Prozent der Frauen verbringen täglich zwei bis fünf Stunden mit Kochen, Putzen, Waschen und all den anderen Dingen, die so im Haushalt anfallen. Sind sie erwerbstätig, ist auch für berufstätige Frauen nach Feierabend noch immer nicht Schluss. Drei und mehr Stunden werden werktags noch an Hausarbeit drangehängt.

Einen Haushalts-Einsatz von zwei bis fünf Stunden – für mehr als 86 Prozent der Männer undenkbar. Eben mal 34 Prozent des starken Geschlechts schwingen eine halbe bis eine Stunde pro Tag den Besen oder schleppen Tüten. Jeder zehnte berufstätige Mann tut gar nichts, nichts, null im Haushalt.
Das Witzige an diesem Zahlenspiel: Männer empfinden die Höhe ihrer Arbeitsleistung im Haushalt als gar nicht so viel geringer. Weil sie diese gerne mit dem, was die anderen Väter an Hausarbeit erbringen, vergleichen. Da Herbert, der Kumpel aus dem Kegelverein, den Tisch nicht deckt, muss ihr Mann das auch nicht tun. Außerdem kümmert er sich doch bereits um den Müll – als ob das nicht bereits mehr als genug wäre. Verstehe eine diese Männer-Logik ...

Übrigens …

Kaum ein Mann ergreift die Chance, nicht nur Wochenend-Papa zu sein. Nur etwa 1,5 Prozent der bundesdeutschen Männer gehen in Elternzeit. Sicherlich bestimmt die finanzielle Situation der Familie die Entscheidung, ob auch der Vater der Kinder eine Zeit lang zu Hause bleibt. Doch immerhin sind ein Drittel der Männer Überzeugungstäter: Für sie kommt es gar nicht erst in Frage, sich an der Erziehungszeit zu beteiligen, so eine Umfrage der Universität Bamberg.

Welche Mutter also noch dachte, nach der Babypause würde alles besser, wird ein böses Erwachen erleben. Hat es sich nämlich während der Auszeit aus dem Job erst mal so eingespielt, dass der Bärenanteil der Hausarbeit von der Frau erledigt wird, meint der Mann ein Gewohnheitsrecht auf diese Arbeitsteilung zu haben. Eine berufstätige Mutter hat dann ein echtes Problem: den Mann. Denn der muss noch lange nicht reif für den Wiedereinstieg sein, wenn frau es ist.

Dass der Streit bei einem solchen Unfairverhältnis programmiert ist – wen wundert's. Paarpsychologen sehen die Ursachen für das weit verbreitete Partnerthema in der Sozialisation. Demnach hat der Mann ein bestimmtes Rollenbild in seinem Kopf: Hausarbeit ist Frauenarbeit (so wie das Kinderkriegen), des Mannes unwürdig und keine echte, männliche Herausforderung. Dass Frauen nun Kinder kriegen u n d arbeiten gehen, wirft ihre Vorstellung natürlich völlig über den Haufen. Sich auf die neue Situation einzustellen, bereitet ihnen noch größere Probleme.

»Die Vereinbarkeit von Familie und Beruf erscheint vielen Männern als ein Problem, bei dem sie eigentlich nur verlieren können«, bestätigt Thomas Huber-Winter. Dabei, so der Psychologe, gibt es Hausarbeit und Kindererziehung so viel Positives abzugewinnen.

»Schicken Sie Ihrer Familie die Kündigung!« – *Interview mit Thomas Huber-Winter, Fachpsychologe und Berufs- und Laufbahnberater*

■ *Haben es Männer mit uns Frauen so schwer oder warum können sie unsere Berufstätigkeit nicht unterstützen und im Haushalt mit anpacken?*

Männer haben es nicht schwer. Sie tun sich schwer. Die alten Wertevorstellungen empfinden sie als attraktiver. Haushalt und Kindererziehung können Männer oftmals nichts abgewinnen. Für sie sind diese Arbeiten minderwertig. Dabei verpassen sie durch ihre Abwehrhaltung einen wichtigen Teil des Familienzusammenseins und nutzen diesen Part des Lebens nicht für sich.

■ *Welchen Nutzen können Männer denn aus der Hausarbeit und der Kindererziehung ziehen?*

Ohne Teamwork, Organisationstalent, Dienstleistungsbereitschaft und Kommunikation bringen sie Familie und Haushalt nicht unter einen Hut. Hausarbeit ist also für Männer das beste Fortbildungsprogramm zum Erlernen der Qualitäten, die im Berufsleben gefordert werden.

Abgesehen davon würden Männer sich ihre Unabhängigkeit bewahren, wenn sie zu Hause ein bisschen mit anpacken. Denn wer sich nicht mal ein Ei in der Pfanne braten kann oder es nicht schafft, den Sohn aus dem Kindergarten abzuholen, macht sich in den eigenen vier Wänden unmündig.

■ *Und welchen wichtigen Teil des Familienlebens versäumen die Männer durch ihre Ablehnung?*

Sie versäumen den Alltag. Die Zeit, in der den Kindern Werte und Ziele vermittelt werden. Ich muss mir als Mann klar machen, wie viel Vater ich sein möchte und ob ich meinem Kindern beibringen will, was im Leben wichtig ist.

Wenn Väter eine echte Verantwortung übernehmen wollen, reicht dafür die Stunde nach Feierabend nicht aus. Wenn sie allerdings die Kinder ohne fremde Hilfe betreuen können und den Haushalt selbstständig zu führen wissen, übernehmen sie nicht nur einen gleichwertigen Teil der familiären Pflicht, sondern stehen auch wesentlich selbstständiger im Leben.

■ *Was hindert Männer daran, sich in den Familienalltag einzumischen?*

Oft ist es die Unsicherheit der Männer, die sie zu Untätigkeit erstarren lässt. Sie sind nicht routiniert im Windeln wickeln, Wäsche waschen oder Kochen. Dabei ist es einfach, das Kind mit in das Alltägliche einzubeziehen: Sie können den Sprössling mithelfen lassen beim Wäsche sortieren, und er wird einen riesigen Spaß haben, die Sachen auf den richtigen Haufen zu legen. Oder Sie kochen mit Ihrem Kind, und es darf das Gemüse über der Spüle putzen. Danach schmeckt das Essen noch mal so gut.

■ *Was machen die Frauen eigentlich falsch mit ihren Männern?*

Sie messen zum Beispiel ihren eigenen, persönlichen Wert an der Hausarbeit. Erst wenn das Parkett glänzt und das Essen schmeckt, sind sie gute Mütter und tolle Frauen.

Dann vergleichen sie ihren Anteil an der Haushaltsarbeit nicht mit dem, was der Partner erbringt. Sie messen sich stattdessen mit der Nachbarin oder der Freundin. Wie wollen sie so ein Fazit ziehen?

Gerne teilen sie auch ihr besseres Wissen mit: Dass das T-Shirt nicht mit dem Rücken über die Leine gehängt wird, dass der Parkettboden von rechts nach links gewischt werden muss und dass man Gläser nachpoliert. Wer ständig so belehrt wird, bekommt keine Lust mitzuhelfen.

Für viele Frauen gehört die Hausarbeit zu den leidigen Pflichten, die es zu erledigen gilt. Dementsprechend wird Arbeit verteilt: Was zu tun ist, ist zu tun. Wenn Frauen also Haushaltsarbeiten abgeben, kriegt der Mann fast mit Sicherheit einen Job, der ihm verhasst ist. Da der Gatte aber eher ein Mensch ist, der zu Hause nach dem Lustprinzip lebt, müssen sie sich nicht wundern, wenn er seine Arbeit nicht gerne und weniger gut macht.

Und Frauen räumen den Männern nur äußerst ungern einen eigenen Haushaltsbereich ein, in dem er nach seinem Gusto walten kann. Denn das ist ja auch irgendwie ein Machtverlust in den eigenen vier Wänden.

- *Welche Strategien kann eine Frau anwenden, um den Mann zu mehr Mitarbeit im Haushalt zu animieren?*

Zunächst sollte sie ihrem Mann eigene Befugnisse im Haushalt einräumen. In dem Bereich darf er tun und lassen was er will. Er kann sein Ritual entwickeln, wie er den Teil der Hausarbeit erledigen möchte. Wenn sie dann nicht jeden Makel sogleich kommentiert, wird sie auch bald feststellen, dass ihr Mann eine veränderte Wertvorstellung für seinen Job im Haus bekommt. Er wird empfindlicher für Dreck oder Unordnung in seinem Reich reagieren und am Ende vielleicht sogar pingeliger als die Gattin selbst.

Dann schicken Sie Ihrer Familie die Kündigung! Sie haben ja nun als Berufsrückkehrerin einen neuen Job angenommen und müssen Ihren alten, den der Hausfrau, Haushälterin, Erzieherin, zumindest teilweise aufgeben. Warum also nicht wie im Erwerbsleben eine Kündigung schriftlich for-

mulieren und an die Familienmitglieder »schicken«? Im Anschluss an die Kündigung werden Verhandlungen mit der Familie aufgenommen und neue Vertragsbedingungen ausgehandelt. Dabei werden anhand einer Liste die Aufgaben, die es tagtäglich zu erledigen gilt, neu verteilt. Der Schlüssel: Wer macht was gerne? Wer kann welche Arbeit gut? Wer übernimmt welchen Job? Sind die Aufgaben zugewiesen, wird das in einem Vertrag festgehalten. Darin sind natürlich auch Maßnahmen vorgesehen, für den Fall dass eine der beteiligten Personen sich nicht an Absprachen hält. Zum Beispiel: Wer seine Arbeit nicht rechtzeitig fertig stellt, muss die anderen zum Essen einladen.
Tauschen Sie mit ihm die Rollen: An jedem zweiten Wochenende sollten Sie dem Mann das Haushaltszepter übergeben. Sie spielen die Wochenend-Mami. Sie haben dann Zeit, mit den Kindern etwas Besonderes zu unternehmen: Sie gehen schwimmen, ins Kino oder fahren in den Zoo. So wird aus der Alltags-Mutter die Vorzeige-Mami, während der Vater, alias Hausmann, den Einkauf erledigt und die Betten neu bezieht.

Ein Tipp zum Schluss: Hinterlassen Sie Lücken! Lassen Sie Ihren Mann mit Haushalt und Kindern für ein paar Tage alleine. Zum einen lernen die Frauen, dass sie entbehrlich sind. Zum anderen kriegen Männer eine Chance, sich in dieser Situation zu beweisen. Sie können sich ihren eigenen Alltag mit den Kindern gestalten und können engere Bindungen zu ihnen knüpfen. Und natürlich sehen sie, dass das bisschen Haushalt doch ganz schön viel Arbeit ist.

■ *Können Frauen vielleicht sogar noch was von den Männern im Haushalt lernen?*

Ja! Männer haben nicht gleich ein schlechtes Gewissen, wenn sie sich um ihre Hobbies kümmern. Das sollten sich die Frauen abgucken und Dreck manchmal Dreck sein lassen.

Zehn gute Gründe für Väter in Elternzeit

Es gibt übrigens auch hoffnungsvolle Exemplare der Spezies Mann. Grafiker Dirk Tannert zum Beispiel ist ein Vater, der reif für den Wiedereinstieg ist. Seine zehn guten und ganz persönlichen Gründe für die Elternzeit:

1. Ich will einfach mehr Zeit mit meiner Tochter verbringen.
2. Es ist auch MEIN Kind, darum ist Familienzeit selbstverständlich auch MEINE Sache.
3. Ich kann endlich mal wieder mein Kind im Manne rauslassen.
4. Ich liebe echte Herausforderungen, neue Aufgaben und Arbeitsorganisation.
5. Es ist schön, eine Zeit lang aus dem Büroalltag auszusteigen.
6. Ich freu mich drauf, meiner Kleinen die große weite Welt zu zeigen – zumindest die im Umkreis von 20 Kilometern.
7. Vielleicht lerne ich jetzt endlich mal kochen und lebe etwas gesünder.
8. Es tut einfach gut, für jemanden da zu sein.
9. Es ist ein unglaubliches Gefühl, wirklich aufrichtig von seinem Kind geliebt zu werden.
10. Meine Frau hat ihre Chance auf einen Weg zurück ins Berufsleben verdient.

Hier gibt's Infos

Gespräche unter Männern helfen, Türen zu öffnen und Verständnis zu wecken – eher als die Drohungen der eigenen Ehefrau, so die Erfahrungen von Thomas Huber-Winter. Vielleicht legen Sie Ihrem Mann einmal die Internetseite www.vaeter.de nahe. Dort gibt es neben einem Forum, in dem sich Männer Rückenstärkung holen können, viele gute Tipps für Papa zur Freizeitgestaltung mit Kindern und spezielle Erziehungstipps.

Dass die Schweizer mit denselben Problemen zu kämpfen haben wie die Deutschen, zeigt die Arbeit der Fachstelle UND Familien- und Erwerbsarbeit für Männer und Frauen in Luzern, Bern, Zürich und Basel. Dort dreht sich alles um die Vereinbarkeit von Familien- und Erwerbsarbeit. Themen wie Vereinbarkeit von Beruf und Familie, Aus-, Fort- und Weiterbildung, Schlüsselkompetenzen und Kinderbetreuungen bewegen die Eidgenossen ebenso wie die Frauen und Männer in der Bundesrepublik. Ein Blick auf deren Sicht lohnt in jedem Fall.

Fachstelle UND
Familien- und Erwerbsarbeit für Männer und Frauen
Postfach 2824
CH – 4002 Basel
T: 00 41 – 61 – 2 83 09 83
www.und-online.ch

Der Back-again-Test unter www.frauen-steigen-wieder-ein.de wird es zeigen: Ist Ihr Mann ein Traumprinz oder Anfänger in Sachen Berufsrückkehr. Die Internetseite der Städte Remscheid, Wuppertal, Hagen und Ennepe-Ruhr bringt noch einiges mehr ans Tageslicht. Hier gibt es auf 70 Seiten geballte, gut aufbereitete Infos rund um den Wiedereinstieg.

Familienberatungsstellen helfen, wenn Partner mit der veränderten Situation nicht mehr alleine fertig werden. Oft helfen in diesen Fällen schon Gesprächstherapien, bei denen ein Berater als Moderator eingesetzt wird. Zentrale Stelle für alle Beratungsstellen der Wohlfahrtsverbände ist die

Deutsche Arbeitsgemeinschaft für Jugend-
und Eheberatung
Neumarkter Straße 84 c
81673 München
T: 0 89 – 4 36 10 91
F: 0 89 – 4 31 12 66
www.dajeb.de

Das Magazin *Stern* hat die Männer und ihr Problem mit dem Haushalt anhand von Fallbeispielen in der Ausgabe 11 vom 10.3.2005 wunderbar portraitiert.
Das Ganze natürlich geschmückt mit noch mehr erschreckender Zahlen über den Nicht-Einsatz des starken Geschlechts in den eigenen vier Wänden.

8. Kapitel

So klappt's auch mit den Kindern

Mütter machen Mut

Tina, Anja und Ana: Drei Frauen, wie sie unterschiedlicher nicht sein können. Und doch haben sie alle eins gemein. Sie haben den Weg zurück in den Job geschafft. Drei Mütter mit ganz unterschiedlichen Erwartungen an sich, mit eigenen Wertesystemen und individuellen persönlichen Voraussetzungen. Drei Mütter, die erzählen, wie sie den Wiedereinstieg gemeistert haben – jede auf ihrem Weg. Berichte, die Mut machen.

Tina: »Irgendwann musste ich mich entscheiden: Kind oder Karriere.«

»Heute ist es gut, wie es ist«, sagt Tina. Heute ist Tina selbstständig, betreut in der Woche alte Menschen, liest ihnen vor, kümmert sich um Amtsgänge, geht für sie einkaufen. Ihr Traumberuf? »Nein, das ist die Altenbetreuung nicht«, erzählt die dreifache Mutter.

Gerne wäre sie Designerin geworden oder Maskenbildnerin. Eine Lehre sollte die Grundlage dafür sein. Doch als sie den

Ausbildungsplatz in der Tasche hatte, sprang die damals Sechzehnjährige ab. »Der Weg zu meinem Traumjob schien mir einfach zu mühselig, zu riskant.« Denn Künstler, das sagten alle in ihrer Familie, lebten von der Hand in den Mund. »Ich wollte in erster Linie auf eigenen Füßen stehen und vor allem von zu Hause ausziehen. Das ging nur, wenn ich mein eigenes Geld verdiene.« Außerdem hatte Tina schon ihren Ehemann kennen gelernt. »Ich hatte das Gefühl, mich entscheiden zu müssen: Er und Kinder oder die Karriere.«

Tina blieb bodenständig, so wie sie es zu Hause vorgelebt bekam: Die Mutter war Hausfrau, der Vater verdiente das Geld. Die klassische Rollenverteilung eben. Also lernte sie bei einem großen Versicherungsunternehmen einen – wie man sagt – anständigen Beruf. Ein guter Job, sicheres Einkommen, sagt sie noch heute. Aber zufrieden war die junge Frau nie. Und je nervenaufreibender das Berufsleben wurde, umso größer wurde der Wunsch nach dem Künstlerdasein.

»Nach vier Jahren in dieser Büro-Tretmühle habe ich gekündigt, um noch mal die Schulbank zu drücken«, erzählt Tina. Ein Jahr lang büffelte sie tagtäglich bis zur Fachhochschulreife. Dann hängte die damals 21-Jährige noch ein Jahr Malschule dran und stellte eine Bewerbungsmappe für die Kunstakademie zusammen. Daneben jobbte sie – in der Altenpflege. »Der Job war gut bezahlt und machte mir Spaß«, so Tina. »Ehe ich mich versah, wurde aus der Nebenstelle ein Ganztagsjob.« Da war die Mappe für die Kunstakademie noch nicht abgegeben. Und sie sollte auch nie abgegeben werden.

»Ich war immer hin- und hergerissen: Klar hätte ich mich gerne als große Performance-Künstlerin gesehen. Aber ich wollte auch das stinknormale Familienleben mit Kindern und Mann an meiner Seite und eine gesicherte Existenz. Beides ging nun mal nicht. Und an einem bestimmten

Punkt im Leben muss man sich entscheiden. Meine Entscheidung hieß Valerie«, erzählt sie von der Geburt ihrer ältesten, heute zwölf Jahre alten Tochter. Ein Jahr später wird die zweite Tochter Joelle geboren, drei Jahre danach Sohn Marlon.

Die Rollenverteilung zu Hause war sofort klar und von beiden Eheleuten gewünscht: Tina ist Hausfrau und Mutter, ihr Mann verdient das Geld. »Ich hätte meine Kinder nie in die Obhut einer fremden Person geben wollen. Die Entscheidung, Hausfrau und Mutter zu sein, habe ich mir gut überlegt und nie bereut«, erzählt sie. Dennoch bessert Tina mit diversen Mini-Jobs die Haushaltskasse auf. Mal vertritt sie eine Kosmetikfirma, mal nimmt sie ein Tagespflegekind in ihrer Familie auf. Alles nicht zielgerichtet und immer ohne feste Arbeitsstrukturen.

Nachdem das dritte Kind in den Kindergarten kommt, steht Tina allerdings wieder am Scheideweg: Was tun, wo die Kinder aus dem Haus sind? Im Kopf der Mutter reift der Gedanke an eine eigene Firma: Sie will die häusliche Altenpflege von Caritas und Co. ergänzen. Sie bietet an, Aufgaben zu übernehmen, für die ausgebildeten Pflegekräfte keine Zeit bleibt. Bei Ihren Besuchen liest sie vor, bügelt die Wäsche, kümmert sich um Behördengänge, bringt die Post zum Briefkasten, spielt oder spaziert mit ihren Kunden. »Ich würde mich als Lebensunterhalterin bezeichnen«, beschreibt sie ihren Job.

Ein guter Ausgangspunkt, um erste Kundenkontakte zu knüpfen und den Bedarf nach ihrer Dienstleistung abzuklopfen, waren die ehemaligen Kontakte in der Altenpflege. Die Verbindung zu ihnen hatte Tina auch während der Erziehungszeit der drei Kinder nie abbrechen lassen.

Eine Freundin brachte Tina dann auf die Idee, sich beim Arbeitsamt zu melden. »Ich hatte mich immer gewundert, wieso es plötzlich überall Nagelstudios gab«, lässt sie das Gespräch Revue passieren. »Ich-AG's«, klärte die Freundin auf.

»Da dachte ich mir: Das kann ich auch.« Tina recherchierte, was sie für einen Antrag auf Fördergelder braucht, wie ein Wirtschaftplan aussehen muss, welchen Kapitalbedarf sie für ihre Firma haben wird und wer ihr eine Stellungnahme zur Unternehmensidee schreibt.
Die Papiere reichte sie bei der Agentur für Arbeit ein und stellte einen Antrag auf Starthilfe für ihre Firma »Tea Time«. Die Finanzspritze brauchte sie vor allem für den Unterhalt ihres Autos.
Heute hat »Tea Time« mehrere Kunden. Zwei bis sechs Stunden – je nach Aufwand – ist Tina dafür von Montag bis Sonntag unterwegs. »Es läuft gut«, freut sie sich. Mit dem richtigen Riecher hat die Existenzgründerin eine Lücke in der Altenpflege besetzt. Auch wenn karitative Einrichtungen ähnliche Dienste kostenlos anbieten, so ist es vielen von Tinas Kunden doch lieber, für die Arbeit zu bezahlen als Almosen zu empfangen. »Wenn mich die Damen und Herren für drei Stunden zu sich bestellen, dann planen sie dabei gleich eine Tasse Tee und ein Schwätzchen mit mir ein«, berichtet Tina. Daher der Name »Tea Time«.
Wenn die Mutter wollte, könnte sie jeden Tag zwölf Stunden arbeiten. Aber das will Tina nicht – zumindest so lange, wie die Kinder noch zur Schule gehen. »Ich kann mir die Kunden aussuchen und meine Zeit frei einteilen. Das kommt mir mit drei Kindern sehr entgegen. Denn so kann ich für sie da sein, wenn mal der Unterricht ausfällt oder wichtige Veranstaltungen anstehen.«
Was Tina aber an ihrem Job liebt: »Meine Unabhängigkeit.« Nie wieder wollte sie zurück in eine Festanstellung – das war bereits nach ihrer Kündigung bei der Versicherung klar. »Und die Ruhe! Kein Witz: Kinder haben einen wesentlich höheren Lärmpegel als Erwachsene. Bei meiner Arbeit geht es richtig leise zu. Außerdem genieße ich die Unterhaltungen und profitiere von dem Wissen der älteren Menschen.«

Den Wiedereinstieg in das Erwerbsleben nach der Kindererziehung begreift die selbstständige Unternehmerin als eine große Chance. »Ich habe die Wahl gehabt zu tun, was ich wollte. Dieses Mal habe ich meine Pläne in die Tat umgesetzt!«
Und die Kunst? »Die Kunst ist heute mein liebstes Hobby. Ich habe – Gott sei Dank – eine Familie an meiner Seite, die mir dafür immer Spielraum gelassen hat. Ich konnte mir meine Auszeiten nehmen. Vor allem mein Bruder hat sich abends um die Kinder gekümmert. Ich habe in einer Band gespielt, war Leadsängerin und hatte öffentliche Auftritte. Sogar eine eigene CD habe ich im Studio aufgenommen.«
Aber irgendwie ist sie auch froh, dass sie nicht mit der Kunst ihren Lebensunterhalt bestreiten muss. »Das ist hartes Brot«, so Tina.
Kein Blick zurück in Wehmut? »Nein«, so die Mutter. »Das hier ist mein Weg. Ich bin zufrieden und im Reinen mit mir. Auch wenn ich im Nachhinein sagen würde: Es wäre auch noch nach dem Abi Zeit für Kinder gewesen.«

Anja: »Die Arbeit war für mich Flucht.«

Eigentlich hatte Anja alles anders geplant. Sie wollte drei Jahre das Mutter-Sein genießen und dann wieder zurück in den Job. »Ich hatte bei meinem Arbeitgeber bereits die volle Erziehungszeit eingereicht«, erzählt die Betriebswirtin. Doch dann trennte sich die junge Frau nach der Geburt ihres Sohnes von dem Vater.
Anja musste ihre Pläne komplett über den Haufen werfen und ihr Familien- und Berufsleben neu überdenken. »Ich hatte furchtbare Angst, ob ich das finanziell schaffe«, so die Überlegung der Alleinerziehenden. Deshalb bat Anja bei ih-

rem Chef um ein Gespräch, erklärte ihm die Situation und fragte, ob sie früher wieder in den Job zurückkehren kann. »Mein Glück war, dass meiner Mutterschaftsvertretung kurz zuvor in ihrer Probezeit wieder gekündigt wurde. Es klaffte also eine Lücke in der Personaldecke.« Anja konnte also zurückkommen.

Ein noch größerer Segen war allerdings die Fürsorge ihres Arbeitgebers. »Mein Chef zeigte unglaubliches Verständnis für meine Situation«, erzählt Anja. Und so war auch er es, der ihr einen Telearbeitsplatz vorschlug. Innerhalb kürzester Zeit stellte die Firma einen PC in ihrem Wohnzimmer auf und installierte die passende Software. So war Anja mit der internen Kommunikation ihrer Firma vernetzt. Sie konnte loslegen.

Einen konkreten Vertrag über die Form der Telearbeit, Arbeitsleistung oder Arbeitszeit hatten die Parteien allerdings nicht geschlossen. »Die ganze Aktion war für beide Seiten eine Art Experiment und beruhte auf Vertrauen«, staunt die Mutter noch heute.

Der Versuch funktionierte: »Mein Chef sah die Arbeit im Büro durch, überlegte was an buchhalterischen Aufgaben extern zu erledigen war und schickte es mir nach kurzer Rücksprache per Internet zu. Wann und wie ich das Pensum ableistete, war mir überlassen.« Erwartet wurde von der Firma, dass sich Anja gut organisieren und diszipliniert arbeiten konnte. Abgabetermine mussten selbstverständlich eingehalten werden.

Meist saß Anja vier Stunden an zwei Tagen in der Woche am Schreibtisch und arbeitete Zahlen durch. Oft waren es die späten Abende oder Nächte, die sie dort verbrachte; dann wenn ihr Sohn Damian schlief. Ein großer Vorteil, denn so sparte sich Anja einen Babysitter oder eine Tagesmutter. »Außerdem konnte ich viel Zeit am Tag mit meinem Sohn verbringen. Sicherlich die schönste Seite der Telearbeit«, resümiert sie.

In den paar Stunden am Abend schaffte die Mutter oftmals sogar mehr Arbeit als im Büro. »Ich war hier viel konzentrierter und arbeitete effektiver. In den eigenen vier Wänden fehlen eben Bürogespräche, Kunden-Telefonate oder Mittagspausen, die einen ablenken.«
Zudem fuhr Anja mit Sohnemann unterm Arm ein- bis zweimal im Monat in die Firma und besuchte ihre Kollegen. »Ich dachte, dass ich dann wenigstens mitkriege, wenn sich etwas verändert. Trotzdem hatte ich als Telearbeiterin immer ein Informationsdefizit«, so ihre Erfahrung. Nicht ganz leicht war es außerdem, Rückfragen zu beantworten. Wenn beispielsweise Wirtschaftsprüfer in der Firma waren, riefen die Kollegen an und wollten dieses oder jenes wissen – natürlich tagsüber. »Und dann hatte ich Damian auf dem Arm oder er hing an meinem Knie, und ich sollte Erklärungen abliefern – das war schon stressig.«
Dennoch: Für Anja war die Telearbeit auch eine große Chance. »Ich konnte für einige Zeit dem Hausfrauen-Dasein entkommen. Die Arbeit war für mich Flucht in ein anderes gesellschaftliches Leben.« Denn *nur* Hausfrau und Mutter wollte sie nicht sein.
Heute ist sie wieder an ihren alten Arbeitsplatz in der Firma zurückgekehrt. Nachdem Anja für Damian in der Nähe des Büros einen Kindergartenplatz bekommen hat, begann die Alleinerziehende wieder Vollzeit zu arbeiten. Der Telearbeitsplatz steht weiterhin in ihrem Wohnzimmer. »Ich habe noch immer das große Privileg, meine Arbeit mit nach Hause nehmen zu dürfen.« Ein Sonderrecht, das sie sich zweifelsohne in den drei Jahren nach der Geburt ihres Sohnes erarbeitet hat. »Mein Chef weiß zu schätzen, dass ich mobil und flexibel bin und er sich jederzeit auf mich verlassen kann.«
Böse Worte von Seiten der Kollegen gibt es über die Extrawurst auch nicht. »Das Verhältnis im Büro ist fast schon familiär. Die Kollegen gehen sehr persönlich miteinander um«,

so Anja. Unbezahlbar für die allein erziehende Mutter. Denn auch wegen dieser guten und vertraulichen Beziehungen im Arbeitsumfeld konnte sie letztendlich problemlos Job, Mutter-Sein und allein erziehend unter einen Hut bringen.

Ana: Glücklich ohne Feldbett im Büro

Schon beim Bewerbungsgespräch hatte der Chef zu ihr gesagt, sie könne ihr Feldbett mit zur Arbeit bringen. »Wenn es drauf ankäme, erwartet er, dass sich das Leben seiner Mitarbeiter im Büro abspielt«, erzählt die Grafikerin Ana.

So kam es denn auch: Wenn die Firma größere Aufträge hatte, wurde bis spät in die Nacht gearbeitet. »Das gehörte zum Job. Und es war auch spannend, ein richtiger Kick!« Wenn es darauf ankam, stand das Team wie eine Eins zusammen. »Und war der Auftrag erst geschafft, flogen die Sektkorken und alle zogen zusammen um die Häuser«, erzählt sie.

Doch als Ana ein Kind plant, ist klar, dass sie ihren Job so nicht mehr machen wird. Ihr Chef hätte es auch nicht akzeptiert, wenn sie in Hoch-Zeiten pünktlich um vier zum Abholen der kleinen Mara die Firma verlassen hätte. Unter diesen Arbeitsbedingungen hätte sie jemanden finden müssen, der Mara regelmäßig vom Kindergarten abholt, sie bis zum Abendbrot beschäftigt, dann bettfein macht und möglicherweise sogar schlafen legt. »Ich wollte aber auch auf keinen Fall mein Kind fremd erziehen lassen. Das wäre eine Horrorvorstellung für mich«, gesteht Ana.

Was war die Alternative? »Ich liebe meine Arbeit. Ich kann mir nicht vorstellen, beruflich irgendetwas anderes zu tun«, beschreibt die Grafikerin das Problem. Also beschließt sie,

ihren Arbeitsvertrag noch vor der Geburt zu beenden und sich selbstständig zu machen.
Ana pokert ein bisschen. »Ich habe meinen Boss vor die Entscheidung gestellt: Entweder er kündigt mir, sodass ich ohne Sperre nach dem Mutterschutz an Fördergelder komme. Oder ich bleibe in der Firma und reiche die vollen drei Jahre Erziehungsurlaub ein.« Zum Glück war Ana die einzige Grafikerin in der Firma und hatte sich rechtzeitig unentbehrlich gemacht. Sie einigt sich mit ihrem Chef und bekommt einen Bonus obendrauf: Er garantiert ihr, sie in dem ersten halben Jahr ihrer Selbstständigkeit regelmäßig mit Aufträgen zu versorgen. Zudem beantragt Ana für ihr Kleinunternehmen Überbrückungsgeld bei der Agentur für Arbeit, das sie problemlos für sechs Monate bewilligt bekommt.
Heute arbeitet Ana etwa drei Tage in der Woche, manchmal auch am Wochenende. Einige Aufträge hat sie über Kunden bekommen, die sie noch aus ihrer Zeit als Festangestellte kennt. »Die Kontakte habe ich immer gut gepflegt und dort auch mal angerufen, wenn es keinen konkreten Grund gab.« Außerdem schloss sie sich einem Netzwerk freischaffender Grafikerinnen an. »Dort haben sich für mich ganz neue Türen geöffnet.«
Die Freiberuflerin verdient sich keine goldene Nase mit ihrer Selbstständigkeit. »Das war mir nicht wichtig. Und es ist auch nicht das ausschlaggebende Argument für meine Entscheidung gewesen«, sagt sie. Ohne Arbeit, so die Mutter, wäre sie unglücklich. »So sehr ich mir Mara gewünscht habe: Ich brauche die berufliche Bestätigung für mein Selbstwertgefühl.« Und um das alles unter einen Hut zu bringen, war der eingeschlagene Weg der einzig richtige für sie.
Dass sie den Schritt in das Unternehmen Selbstständigkeit gewagt hat, verdankt sie auch ihrem Lebenspartner. »Es war von vornherein klar, dass er für unseren Lebensunterhalt aufkommen wird. Ich verdiene nicht genug Geld mit mei-

ner Tätigkeit.« Manchmal plagt sie deshalb auch ein ziemlich schlechtes Gewissen: »Es ist für mich eine gewaltige Umstellung, finanziell von jemandem abhängig zu sein. Ich habe immer schon viel Geld verdient. Und plötzlich lebe ich von den Überweisungen meines Lebenspartners und führe ein Haushaltsbuch.« Umso wichtiger ist es ihr, zumindest für ihre Kosten wie Lebensversicherung und Altersvorsorge aufzukommen. »Das gibt mir ein bisschen das Gefühl, wenigstens für mich selbst verantwortlich zu sein.« Und wenn sie dann noch ein Paar Schuhe aus dem Einnahme-Überschuss-Topf bezahlen kann, ist sie schon fast wieder unabhängig.

Die Entscheidung für Mara und gegen einen gut bezahlten Job hat Ana nie bereut. »Ich wollte nie aufhören zu arbeiten. Wenn die Aufträge da sind, arbeite ich auch gerne und viel. Meist sogar schneller und effektiver als im Büro. Aber ich freue mich, wenn ich Mara nachmittags aus dem Kindergarten abhole. Sie stürzt sich dann auf mich, wir gehen auf den Spielplatz und erzählen vom Tag. Das ist das Leben, so wie ich es mir immer gewünscht habe.«

9. KAPITEL

Mütter unter sich

Ein Wort zum Schluss

Der Super-GAU: Heute hat mir meine Tagesmutter angekündigt, dass sie sich nicht mehr um meine acht Monate alte Tochter kümmern kann. Ab sofort!
Ich versuche meine Panik im Zaum zu halten: Ich habe Abgabetermine einzuhalten, Aufträge abzugeben ... Nur nicht durchdrehen! Eigeninitiative – das ist das Einzige, was jetzt hilft!
Ich marschiere zum Kindergarten, meinen Sohn abholen. Irgendwer wird schon eine Tagesmutter kennen. Doch Hilfe, Zuspruch, Mutmachen aus der Mit-Mütter-Riege – Pustekuchen. Stattdessen ernte ich Vorwürfe: »Warum setzt ihr eigentlich so viele Kinder in die Welt, wenn ihr arbeiten gehen müsst!«
Der Seitenhieb sitzt! Auf dem Schlachtfeld Mutter gegen Mutter wird mit groben Unterstellungen gekämpft und nicht lange mit dem Angriff auf das schlechte Gewissen gefackelt. Der größte Feind berufstätiger Mütter kommt aus den eigenen Reihen. Denn neben den Anstrengungen, Kinder, Job, Freunde und Familie unter einen Hut zu bringen, muss man sich vor allem mit den Zickereien des gleichen Geschlechts herumschlagen.

Wenn wir uns selbst so gerne ein Bein stellen beim Wunsch nach Kind und Karriere – ist uns Frauen auf dem Weg zurück in die Berufstätigkeit überhaupt noch zu helfen? Ja, indem wir uns die richtigen Netzwerke stricken. Ich rate Ihnen: Bevor Sie sich in das Unternehmen »Beruf und Familie« stürzen, umgeben Sie sich mit Menschen, die an Sie glauben.

Sie brauchen keine Schwiegermutter, die Ihnen damit in den Ohren liegt, dass früher alles anders war. Um dann schwer seufzend hinzuzufügen: »Aber du musst es ja wissen, Kind.« Sie brauchen sich nicht von einer so genannten Freundin sagen zu lassen, dass sie sich nicht wundert, wenn Ihre Tochter nächtelang durchschreit – wo das Mädchen doch ständig allein gelassen wird. Sie müssen sich von der Kollegin aus dem Nachbarbüro nicht anhören, dass Sie das Teamgefüge stören, wenn Sie ständig um Viertel nach fünf das Büro verlassen (obwohl Sie jeden Morgen eine halbe Stunde vor dieser Frau am Schreibtisch sitzen).

Suchen Sie sich Unterstützung bei dem Projekt »Berufsrückkehr«: Mitkämpfer, wie meine berufstätige Freundin und dreifache Mutter Kerstin, die unsere gesamte Kinderbande entertaint, wenn es bei mir mal wieder brennt. Verbündete wie meine Freundin Uta, die mir bei jedem unserer Treffen vorbetet, was ich alles seit der Geburt meiner beiden Kinder beruflich auf die Beine gestellt habe. Kollegen, wie meine Agentin Miriam Schmidt, die daran geglaubt hat, dass ich neben der Familienorganisation auch noch ein Buch schreiben kann. Und natürlich Helfer in der eigenen Familie, wie in der meinen, die das Haushaltsmanagement übernehmen und bei jeder mentalen Schieflage mal wieder den Telefonseelsorger spielen.

Ich sage Ihnen: Das ist mehr als die halbe Miete auf dem Weg zurück zum Job! Denn mit einem solchen Netzwerk an Ihrer Seite ist die Arbeit selbst nur noch ein Klacks. Dafür bin ich dankbar.

Der kleine, alltägliche, organisatorische Rest ist eine Mixtur aus vielen feinen Ingredienzien. Ich verrate Ihnen mein persönliches Geheimrezept für diese Lösung:

Ein Rezept fürs Überleben

▪ *Suchen Sie sich Haushaltselfen*
Es gibt viele Geschäfte, die Ihnen die alltäglichen Lebensmittel, Getränke oder Drogerieartikel nach Hause liefern, oftmals ohne Mehrkosten. Es ist keineswegs dekadent, sich dieser Feen zu bedienen. Mit dem Service ersparen Sie sich einfach Zeit, die Sie fürs Einkaufen brauchen. Diese wertvollen Stunden und Minuten haben Sie dann für Spielen und Schmusen mit den Mäusen. Die Kinder-Zeit wird nämlich in Zukunft knapp bemessen sein. Also nutzen Sie die Angebote!

▪ *Delegieren Sie Arbeiten*
Sie sind der Manager des Unternehmens Familie. Als solcher verteilen Sie Arbeiten und behalten den Überblick über das, was zu tun ist. Stellen Sie einen Familienplan auf: Wann wer den Müll runterbringt, wer mit dem Tischdecken dran ist, wer die Blumen gießt etc. Aber nicht vergessen: Ein guter Chef kann loben. Hat Ihr Sohn etwa sein Zimmer protestlos aufgeräumt, darf er sich beim nächsten Einkauf einen Comic aussuchen. Und hat Ihr Ehegatte die Wäsche unaufgefordert abgehängt, gönnen Sie ihm eine Fußmassage – Männer brauchen mindestens so viel Lob und Belohnungen wie Ihre Kids.

▪ *Werfen Sie den eigenen Perfektionismus über Bord*
Eine super Karriere, Aussehen wie aus dem Ei gepellt, vorbildliche Kinder, glänzende Gläser im Schrank und immer

eine Lächeln auf den Lippen – das gibt es nur im Werbefernsehen. Im wahren Leben stehen wir morgens mit zotteligen Haaren auf und sind froh, dass es Haargummis gibt. Es interessiert allerdings auch niemanden, ob Sie die Betten aufgeschüttelt haben oder Ihre Unterhose gebügelt ist. Selbst der eigenen Familie wird es wohl egal sein, ob die Handtücher gemangelt oder gefaltet aus dem Schrank kommen.
Also: Nehmen Sie den selbst gemachten Stress von Ihren Schultern. Lernen Sie zu improvisieren. Gel für die Haare und Gemüse aus dem Mikrowellendampfbeutel – und das Leben ist um einiges entspannter.

■ *Bauen Sie sich Zeitpuffer in Ihre Planungen ein*
Dienstschluss um Viertel vor drei, Arno abholen um drei, Klavier um halb vier, einkaufen bis halb fünf, Arno aufpicken bis um fünf ... Jetzt ein Stau auf der Straße und Ihre gesamte Planung ist dahin. Mit einem Tagesablauf wie diesem stehen Sie ständig unter Strom, sind gestresst und mit Sicherheit unkonzentriert. Sie kommen zu spät und machen Fehler. Das kriegen Ihre Kinder mit und werden noch nörgeliger.
Stopp, ziehen Sie die Notbremse! Lassen Sie Luft zwischen den einzelnen Aktivitäten. Dann kann Arno sich im Hort noch in Ruhe verabschieden und steigt willig ins Auto ein. Der Einkauf wird zum gemeinsamen Erlebnis, ohne dass sich Arno vor der Kasse brüllend auf den Boden schmeißt. Wenn Sie dann die Hemden nicht aus der Reinigung geholt haben – was soll's? Das können Sie auch morgen erledigen. Oder vielleicht macht es Ihr Gatte am Wochenende?
Am besten klappt die Planung, wenn Sie nach Prioritäten sortieren. Notieren Sie, was Sie in jedem Fall neben den üblichen Verpflichtungen erledigen müssen (Brot fürs Frühstück kaufen) und was Sie verschieben können (Post an Tante Liesel einstecken). Für Ihren Hinterkopf: Etwa 65 Pro-

zent der Arbeit, die wir tagtäglich erledigen, gehören zu den weniger wichtigen Dingen.

Als Faustregel für eine effektive Zeitplanung Ihres Tages können Sie folgendes Schema ansetzen:

- 60 % verplant
- 20 % Pufferzone
- 20 % Spontaneität

■ *Prahlen Sie mit Ihren Erfolgen!*
Seien Sie stolz auf sich! Erzählen Sie allen, wenn der Chef einen Vorschlag von Ihnen in die Tat umsetzt. Halten Sie es nicht für selbstverständlich, wenn Sie einen Auftrag oder einen neuen Kunden an Land gezogen haben. Posaunen Sie hinaus, wenn die Mannschaft Ihres Jüngsten beim Basketball-Turnier Platz drei belegt hat – schließlich haben Sie den Kerl jeden zweiten Tag zum Training kutschiert und zwei Stunden lang am Spielfeldrand mitgefiebert. Niemand – auch nicht der eigene Ehemann – wird Ihre Arbeit als Mutter, Entertainerin, Arbeitnehmerin und Haushälterin bemerken, wenn Sie nicht darüber reden. Sie werden nur gelobt, wenn andere wissen, was Sie den ganzen Tag vollbringen. Lob stinkt nicht. Lob befriedigt, spornt an und macht selbstbewusst.

■ *Nehmen Sie sich Auszeiten*
Eine tolle Super-Mami mit leeren Batterien – die bringt keinem in Ihrer Familie etwas. Deshalb nehmen Sie sich Auszeiten, nur für sich, ausschließlich für Ihre Aktivitäten. Damit auch wirklich nichts und niemand dazwischenfunken kann: Verplanen Sie diese Zeit. Kündigen Sie an, dass Sie am Montag von acht bis zehn in der Badewanne liegen werden und die Tür abgeschlossen bleibt. Oder sagen Sie Ihrer Familie, dass Sie Dienstag um halb fünf spazieren gehen,

allein, und gegen sieben wieder zurück sind. Oder melden Sie an, dass ab jetzt immer donnerstags Ihr Sporttag ist und Sie um halb acht aus dem Haus gehen.
Erinnern Sie Ihre Familie einen Tag vorher an Ihre Pläne und verbitten Sie sich Störungen, Unterbrechungen oder Nörgeleien. Mit ziemlicher Sicherheit wird einer der Bande versuchen, Ihre Zeit zu stehlen. Stopfen Sie sich im schlimmsten Fall Watte in die Ohren, damit Sie das Geschrei nicht hören. Seien Sie standhaft: Ihre Kinder und Ihr Mann können durchaus warten oder ihre Problemchen ohne Sie lösen. Spätestens in der dritten Woche hat jeder begriffen, dass es Ihnen ernst ist. Dann lässt man Sie auch für ein paar Stunden in Ruhe.

■ *Zu guter Letzt: Vertreiben Sie Ihr schlechtes Gewissen*

Rabenmutter, Karrierefrau, Hausmütterchen – es gibt unendlich viele Schubladen, in die wir uns als Mütter stecken lassen können. Aber kommt es wirklich darauf an, was andere über uns denken? Ist es nicht einzig und allein wichtig, dass wir selbst uns in unserer Haut wohl fühlen? Natürlich!
Und doch: Sobald wir unsere Würmchen untergebracht haben, stellen wir uns unaufhörlich die Frage, ob wir das Richtige tun. Ob wir nicht wenigstens ein schlechtes Gewissen haben sollten. Und nicht nur den Kindern gegenüber: Ist es denn wirklich in Ordnung, ganz pünktlich aus dem Büro zu verschwinden und den Single-Kollegen die Arbeit zu überlassen? Ja, es ist okay!
Sie tun niemandem einen Gefallen, wenn Sie als »Nur-Mutter« kreuzunglücklich sind: nicht Ihrem Mann, nicht Ihren Kindern, nicht Ihren Freunden, und schon gar nicht sich selbst. Sie glauben mir nicht? Dann aber einer Studie aus den 60er Jahren, die noch heute Gültigkeit hat: Am besten ging es damals wie heute den Kindern von nicht ar-

beitenden Müttern – vorausgesetzt, sie waren zufrieden mit ihrer Situation. Am zweitbesten ging es fremdbetreuten Kindern, deren Mütter voll hinter dieser Lösung standen. Am schlechtesten dran waren Kinder von Müttern, die zu Hause blieben, weil sie dies als gesellschaftliche Forderung verstanden.
Auch wenn es schwierig ist, zu arbeiten und Kinder zu erziehen, gilt: Wenn Sie es wirklich wollen, dann gibt es auch einen Weg. Wenn es Spaß macht, geht vieles leicht von der Hand. Das wiederum gibt Energie, die der Familie zugute kommt.
Aber davon ganz abgesehen: Sie helfen auch Ihren Kindern, wenn Sie sie loslassen! Denn ausschließliche Mama-Präsenz ist alles andere als förderlich für die Süßen. Kinder brauchen neue Eindrücke. Kinder brauchen und können mehrere Bezugspersonen gleichzeitig haben. Die Trennung von den Eltern stärkt das Selbstvertrauen. Es macht sie selbstständig und fördert die Lust zu lernen. Der Input, den die Mäuse bei der Tagesmutter oder im Kindergarten bekommen, ist enorm und lehrt soziales Verhalten. Sprachentwicklung und Motorik werden gefördert.
Und das ist mit Sicherheit kein Grund für ein schlechtes Gewissen!

Alle Zutaten für den Wiedereinstieg sind von mir persönlich in einer Langzeitstudie von zweieinhalb Jahren und zwei Kleinkindern auf Alltagstauglichkeit geprüft worden. Bei Risiken und Nebenwirkungen fragen Sie mich ruhig noch mal: zurueckimjob@aol.com.

Beherzigen Sie die Mixtur! Und ich bin sicher, Ihnen gelingt der Weg zurück zum Job.

Viel Erfolg!
Ihre Julia Richter

Anhang

Berufstätigkeit und Mutter-Sein: Hier finden Sie noch mehr Infos

Informationen rund um das Thema Familie finden Sie in dem Online-Ratgeber www.familienhandbuch.de. Herausgeber ist das Staatsinstitut für Frühpädagogik in München.
Was das neue Bundeserziehungsgeldgesetz für Eltern und Kinder bedeutet, welche Möglichkeiten es bei der Aufteilung der Elternzeit gibt und wo Sie sich beraten lassen können, finden Sie in der Broschüre »Erziehungsgeld. Elternzeit.«

Zu beziehen beim

Bundesministerium für Familien, Senioren,
Frauen und Jugend
Broschürenstelle
Postfach
53107 Berlin
T: 01 80 – 5 32 93 29
www.bmfsfj.de

Die Mutterrolle und das unterschwellige Bestreben perfekt zu sein – trotz aller Emanzipationsbemühungen hat sich dieser Wunsch oder diese Bürde der Frauen nicht verändert. Das zumindest spiegeln die Protokolle der Mütter wider, die Ursula Lebert für ihr Buch interviewt hat. Was dieses Buch so besonders macht ist die Tatsache, dass die Autorin 72-jährige Großmutter ist und die Gespräche mit einem gesunden Abstand sieht.

»Beim ersten Kind wird alles anders!«, Ursula Lebert, München: Goldmann Verlag 2004

Bekommt die besondere Prinzessinen-Stellung den lieben Kleinen wirklich so gut wie Mütter denken? Macht die kindzentrierte Sicht der Eltern unsere Sprösslinge womöglich zu kleinen Terroristen, die permanent bespielt werden müssen? Herrad Schenk zeigt in ihrem Buch, dass unsere heutige Auffassung von Mutterschaft sehr jungen Datums ist. Jahrhundertelang wurden sowohl Kindheit als auch Mutterschaft ganz anders bewertet. Doch Pädagogik und Psychoanalyse haben uns gelehrt, die Verantwortung der Mutter für das Wohl des Kindes so zu betonen.

»Wieviel Mutter braucht der Mensch? Der Mythos von der guten Mutter«, Herrad Schenk, Reinbek: Rowohlt Verlag 1998

Wenn es um die Konkurrenz in den eigenen Reihen geht, fahren Frauen nur allzu gerne die Krallen aus: Ist sie eine bessere Mutter als ich? Ist ihr Hintern knackiger als meiner? Wie ist sie auf den Chefsessel gerutscht? »Catfight« nennt man in den USA zwei sich anfeindende Frauen. Was steckt dahinter, dass Geschlechtsgenossinnen immer wieder in die Neidfalle stolpern, sich torpedieren und gegenseitig Beinchen stellen? Warum vergeuden Frauen Kraft in fruchtlose Kämpfe, anstatt die Power in die Karriere oder in die Erfüllung des eigenen Lebenstraums zu stecken. Fragen, mit denen sich Leora Tanenbaum beschäftigt.

»Catfight – weibliches Konkurrenzverhalten und wie Männer davon profitieren.« Leora Tanenbaum, München: Ariston Verlag 2004

Ein Buch voll geballter Informationen, von Mutterschutz über Kindschaftsrecht und Unterhalt bis hin zu staatlichen Hilfen, ist der »Ratgeber Rechte für Mütter und Väter« von Marianne Breithaupt und Lilli Kurowski, Reinbek: Rowohlt Verlag 2001.

Und noch ein Buch: Ulrike Horn bricht die Lanze für Vollzeitmütter: Statt sich als Heimchen am Herd zu sehen, will sie den so genannten »Nur-Müttern« neues Selbstbewusstsein einhauchen. Denn wirklich selbstbewusste Frauen wollen und können frei entscheiden, ob sie arbeiten oder zu Hause bleiben wollen. »Neue Mütter hat das Land«, Ulrike Horn, Stuttgart: Kreuz Verlag 2000

Eine Auszeit für die Familie einlegen, mal wieder fröhliche Stunden mit den Kindern verbringen? Der Verein »Mehr Zeit für Kinder« kümmert sich genau darum: Bundesweite Kindertage an jedem 1. Juni des Jahres, »Spiel Mit«-Veranstaltungen auf Messen und Stadtfesten und Bücher voller Spielideen. Ruhig mal reinschnuppern!

Mehr Zeit für Kinder e.V.
Fellnerstraße 12
60322 Frankfurt am Main
T: 0 69 – 1 56 89 60
F: 0 69 – 15 68 96 10
www.mehrzeitfuerkinder.de

Fahrschule, Reisen, Kunst – alle nur möglichen Bereiche des Berufslebens unter einem Frauen-Dach, das bietet die Weiberwirtschaft. Seit 1987 gibt es das Vorzeigeprojekt in Berlin, bei dem Existenzgründerinnen gemeinsame Sache machen. Einfach mal reingucken und sehen, was Frauen auf die Beine stellen – und dann nachmachen!

WeiberWirtschaft eG
Anklamer Straße 38
10115 Berlin
T: 0 30 – 4 40 22 30
F: 0 30 – 44 02 23 44
www.weiberwirtschaft.de

Tausend Tipps für Mütter von Müttern – manche sinnig, andere weniger, aber zum großen Teil nette Denkanstöße, wenn der Kopf eh schon voll ist – zu finden unter

www.mama-tipps.de

Es dreht sich doch nicht nur alles um Haar und Haut in Hochglanzmagazinen. Viele Zeitschriften bringen Sonderhefte rund um das Thema Job, Weiterbildung, Familie und Finanzen.
Darunter: freundin job@business, Brigitte Job und Karriere. Auch nicht zu verachten sind die Tipps in der Zeitschrift Eltern. Denn neben Popo-Pudern weiß die Redaktion, dass Mütter von heute auch andere Dinge bewegen.

Jede Menge Informationen für berufstätige Väter und Mütter hält das Internetportal www.fast-4ward.de bereit. Das Projekt befasst sich zwar vordergründig mit der Entwicklung von Konzepten und Modellen zur Vereinbarkeit von

Familie und Beruf in den Branchen Telekommunikation, Informationstechnologie, Medien, Entertainment und Security. Die Inhalte für Berufsrückkehrerinnen sind aber auch für alle anderen Frauen hilfreich.

Zu finden unter www.fast-4ward.de.

Interessantes hält auch der Internetauftritt der Arbeiterwohlfahrt bereit: Unter www.vitawo.de gibt es Tipps rund um die alltäglichen Erziehungsprobleme genauso wie Informationen zum Zeitmanagement.

Und noch mehr aus dem WorldWideWeb:
frauenmachenkarriere.de, das neue Portal des Bundesministeriums für Familie, Senioren, Frauen und Jugend, richtet sich gezielt an Frauen und bietet Hilfe bei der Planung und Gestaltung ihrer Karriere. Mentoring-Programme und andere Informationen rund um die Karriere sollen Existenzgründerinnen, Selbstständige und Arbeitnehmerinnen, Berufsanfänger, Wiedereinsteigerinnen nach einer Familienphase und Frauen, die es auf der Karriereleiter schon ein Stück nach oben geschafft haben, weiter auf die Sprünge helfen.

Anmerkungen

1 Uta Glaubitz, »Der Job, der zu mir passt«, Frankfurt am Main/ New York: Campus 2003; www.berufsfindung.de
2 Kirsten Wolf, Karriere durch Networking: Erfolgreiche Beziehungen knüpfen im Beruf, Niedernhausen: Falken 1999
3 Kirsten Wolf, Karriere durch Networking: Erfolgreiche Beziehungen knüpfen im Beruf, Niedernhausen: Falken 1999
4 Selbstdarstellung des Bundesverbands Zeitarbeit Personal-Dienstleistungen e.V., Bonn 2005
5 Förderinitiative von Bund und der Deutschen Telekom »Telearbeit im Mittelstand«
6 Stiftung Warentest, Test Spezial Weiterbildung, Berlin 2004
7 Wochenbericht des DIW Berlin Nr. 3/2005
8 Das Dschungelbuch – Leitfaden für berufstätige Mütter, Köln: Verband Berufstätiger Mütter 2002
9 Vordrucke für Betreuungsverträge gibt es beim Bundesverband für Eltern, Pflegeeltern und Tagesmütter e.V. und bei den Jugendämtern.
10 Vorwerk Studie 2001: »Das bisschen Haushalt ist doch kein Problem ...« erhoben von forsa, Gesellschaft für Sozialforschung und statistische Analysen mbH

Register